बॉलीवुड पाठ

बॉलीवुड पाठ

विमर्श के सन्दर्भ

ललित जोशी

वाणी प्रकाशन

वाणी प्रकाशन

4695, 21-ए, दरियागंज, नयी दिल्ली 110 002

शाखा

अशोक राजपथ, पटना 800 004

फ़ोन: +91 11 23273167 फ़ैक्स: +91 11 23275710

www.vaniprakashan.in
vaniprakashan@gmail.com

BOLLYWOOD PATH
by Lalit Joshi

ISBN : 978-93-5000-907-9

Cinema

प्रथम संस्करण

मूल्य : ₹ 300

सिनेमा अध्ययन शृंखला में राकेश मंजुल का सहयोग व आभार

आर. टेक ऑफ़सेट, दिल्ली-110095 में मुद्रित

वाणी प्रकाशन का लोगो मक़बूल फ़िदा हुसेन की कूची से

गौरी और राजेश के लिए

अनुक्रम

किताब के बारे में ...

यह पुस्तक उस परिदृश्य के बारे में है जो बेहतर या अधिक उपयुक्त शब्द के अभाव में बॉलीवुड कहलाया जाता है। यहाँ इतना कहना पर्याप्त होगा कि बॉलीवुड, हिन्दी सिनेमा का वह परिवर्द्धित रूप है जिसकी जड़ें भारतीय अर्थव्यवस्था के उदारीकरण और वैश्वीकरण से जुड़ी हैं। उदारीकरण और वैश्वीकरण की दस्तक साफ तौर पर बॉलीवुड के आख्यानात्मक चरित्र, पटकथा, पात्र-चयन, संगीत और विश्वव्यापी बाज़ारों में उपस्थिति के कई स्तरों पर सुनी जा सकती है। इसलिए संकीर्ण अर्थों में ही सही बॉलीवुड भारतीय सिनेमा ही नहीं बल्कि भारतीयता और भारतीय राष्ट्र की पहचान बनता जा रहा है।

सिनेमा हमारे समक्ष नई चुनौतियाँ प्रस्तुत करता है—दुनिया को नये सिरे और तरीके से देखने और समझने की। शायद जो ज्ञात है उससे परे उठने की। फ़्राँसीसी दार्शनिक ज़िय दलज़ (Gilles Deleuze) ने तो यहाँ तक कह दिया कि सिनेमा में इतनी ताकत है कि वह दर्शनशास्त्र भी बदल सकता है। इसका कारण उसकी बौद्धिकता नहीं बल्कि उसकी भावनात्मक (Affective) क्षमता है। क्योंकि वह पर्दे पर दिखलाई जाने वाली आकृतियों को किसी सुनिश्चित दृष्टिकोण से जानने/समझने की प्रवृत्ति से प्रायः मुक्त करा चुका होता है।

हिन्दी में प्रकाशित बॉलीवुड-सम्बन्धी साहित्य अंग्रेजी में प्रकाशित पुस्तकों की अपेक्षा बहुत कम है। दो-एक अपवादों को छोड़कर हिन्दी में बॉलीवुड की गहरी पड़ताल नहीं हो सकी है। इसका प्रमुख कारण है हिन्दी प्रकाशनों में सैद्धांतिक परिप्रेक्ष्य का अभाव। जबकि, अंग्रेज़ी में छपी रचनाओं में फ़िल्म इतिहासकारों, दार्शनिकों, सामाज विज्ञानियों तथा साहित्यिक आलोचना से सम्बन्धित विद्वानों ने कुछ न कुछ जरूर लिखा है। हिन्दी में उपरोक्त विषयों के दृष्टिकोणों की कमी बहुत खटकती है। सिनेमा की समझ को व्यापक और पैना बनाने के लिए जरूरी है कि

विभिन्न विषयों और सिनेमा के अन्तर्संवादों की गहरी पड़ताल की जाये। परम्परागत लेखन की सीमाओं को तोड़ा जाये।

एक तरह से देखा जाए तो फ़िल्म अध्ययन (Film Studies) जैसे विषय का विकास ही सीमाओं के उल्लंघन से हुआ। आज विश्व में जहाँ भी फ़िल्म अध्ययन के विभाग हैं, विविध विषयों के शोधार्थी सिनेमा की समझ को समृद्ध बना रहे हैं। यह पुस्तक फ़िल्म अध्ययन की परंपरा का अनुकरण करते हुए उससे कुछ मायनों में अलग हो जाती है। दरअसल, फ़िल्म अध्ययन से जुड़े विशेषज्ञों द्वारा लिखी गईं अधिकांश किताबें अंग्रेज़ी में हैं और उनकी भाषा अत्यन्त दुरूह। मेरा उद्देश्य उन पाठकों के लिए पुस्तक लिखना है जो फ़िल्म अध्ययन की बारीकियों से अनभिज्ञ हैं। फ़िल्म अध्ययन की परंपरा को उस पर पड़ने वाले सैद्धांतिक दबावों से जुदा रख कर समझा नहीं जा सकता है। वस्तुतः प्रत्येक सिद्धांत अपनी पारिभाषिक शब्दावली लेकर उपस्थित होता है। फ़िल्म अध्ययन ने अपनी जरूरत के अनुसार लगातार नये शब्दों को न केवल ग्रहण किया बल्कि नये संदर्भों में उनका प्रयोग कर एक नवीन विधा को रचने में सफलता प्राप्त की। पाठकों को सैद्धांतिक पक्ष जानना चाहिए किन्तु इस हद तक कि वह बोझिल और अवरोधपूर्ण न प्रतीत हो।

इसी सम्बन्ध में एक अंतिम बात। कुछ साहित्येतर पाठक पुस्तकों को प्रायः अकादमिक अथवा गैर-अकादमिक श्रेणियों में बाँट देते हैं। उनका मानना है कि उद्धरणों तथा संदर्भ ग्रंथ-सूची के प्रयोग से पुस्तक अकादमिक हो जाती है तथा उसकी भाषा की पठनीयता तथा विचारों की मौलिकता समाप्त हो जाती है, लेकिन कोई भी मानक साहित्येतर रचना शायद ऐसी नहीं है जिसमें अन्य पुस्तकों का संदर्भ न हो या उनके विचारों से मुतास्सिर न हुई हो। वस्तुतः अकादमिक तथा गैर-अकादमिक के भेद कृत्रिम हैं। अक्सर गैर-अकादमिक की आड़ में औसत दर्जे की रचनाओं को प्रकाशित होने का मौका मिल जाता है। यह पुस्तक काफी हद तक अकादमिक है। इसमें मानक ग्रंथों और महत्त्वपूर्ण स्थापनाओं के साथ संवाद की स्थिति लगातार बनी रहेगी।

बॉलीवुड के सम्बन्ध में हिन्दी भाषा में पुस्तक लिखने की आवश्यकता मुझे तब महसूस हुई जब इलाहाबाद विश्वविद्यालय के इतिहास विभाग में परास्नातक विद्यार्थियों के लिए भारतीय सिनेमा पर एक पाठ्यक्रम आरम्भ किया गया। चूंकि अधिकांश विद्यार्थी हिन्दी माध्यम से तआल्लुक रखते थे अतएव उनसे अंग्रेज़ी में उपलब्ध साहित्य पढ़ने की अपेक्षा करना अनुचित था। कालांतर में जब विश्वविद्यालय के रंगमंच और सिनेमा केंद्र में फ़िल्म आस्वादन (Film Appreciation) के पाठ्यक्रम को पढ़ाने का अवसर मिला तो इस कमी को अधिक शिद्दत से महसूस किया। कक्षाओं के भीतर और बाहर चलने वाले बहस-मुबाहिसों से मुझे विश्वास हो चला कि ऐसी पुस्तक की आवश्यकता है जो छात्रोपयोगी होने के साथ-साथ सामान्य

पाठकों की जिज्ञासाओं को भी पूरा कर सके।

इस पुस्तक में न तो विगत दो दशकों की फ़िल्मों का सिलसिलेवार अध्ययन किया गया है और न ही सिनेमा के रेखीय यात्रा-वृत्तांत की शिनाख़्त। हजारों फ़िल्मों के भंडार से प्रतिनिधि फ़िल्मों को चुनने की प्रक्रिया में कई महत्त्वपूर्ण कृतियों का छँट जाना लाज़मी है। फिर भी चयन के लिए कुछ लचीले पैमाने निर्धारित किए गये। उदाहरण स्वरूप यदि फ़िल्म :

(1) ऐन्द्रिय बोध के समक्ष नई चुनौतियाँ प्रस्तुत करती हो।
(2) प्रचलित रूप (Form) तोड़ने में या नया सौंदर्य शास्त्र रचने में सफल हुई हो।
(3) नई व्याख्याओं की ओर संकेत देती हो।
(4) दिलचस्प संभावनाओं को उजागर करती हो।

जहाँ तक सिनेमा के पाठ और उसकी संदर्भित व्याख्या का प्रश्न है, इस पुस्तक में दोनों के मध्य सीधा और एक तरफा सम्बन्ध जोड़ने की कोशिश नहीं की गई है। निस्संदेह सिनेमा का अपने समय, समाज, संस्कृति, राजनीति, अर्थव्यवस्था, मनोविज्ञान के साथ संवाद है किन्तु वैसा नहीं जैसा प्रायः वस्तु का दर्पण के साथ होता है। क्योंकि सिनेमा अपने समय को चयनात्मक तरीकों से दर्ज करते हुए दोबारा रचता है। इसलिए वह बीते यथार्थ की पुनःप्रस्तुति का लेखा-जोखा अथवा दस्तावेज़ बन जाता है।

प्रथम अध्याय में सिनेमा के सैद्धान्तिक पक्ष पर प्रकाश डाला गया है। अध्याय में आँग्ल-यूरोपीय सिद्धांतकारों और उनकी रचनाओं की चर्चा के अलावा उन सिद्धांतकारों का उल्लेख किया गया है जिनके विचारों से हिन्दी सिनेमा को समझने की एक नई दृष्टि मिली है। दूसरे अध्याय के हिन्दी सिनेमा में वर्तमान अवतार 'बॉलीवुड' का वैश्वीकरण के संदर्भ में परीक्षण किया गया है। यह जानने की कोशिश की गई है कि वैश्विक व्यवस्था में 'बॉलीवुड' के राष्ट्रीय और एशियाई संदर्भ बिन्दु क्या हैं। तीसरा अध्याय बॉलीवुड की विस्तृत व्याख्या से सम्बन्धित है। अर्थात् शब्द की व्युत्पत्ति, उसका बहुस्तरीय चरित्र तथा विभिन्न आयाम। चौथे अध्याय में सिनेमाई स्पेस से विलुप्त होते भारतीय ग्राम की चिंताजनक स्थिति को उजागर किया गया है। पाँचवाँ अध्याय, महानगर-केंद्रित फ़िल्मों के उदय तलाशने का प्रयास है। 'बॉलीवुड' में बढ़ते देह पर्ण को शृंगारिकता की आड़ में प्रोत्साहित करने की योजना छठवें अध्याय की अंतर्वस्तु है। सातवें अध्याय में गतिशील वैश्विकता के संदर्भ में भारतीय राज्य की सांस्कृतिक मान्यताओं तथा सेंसरशिप व्यवस्था के अन्तःसम्बन्धों की पड़ताल की गई है। आठवाँ अध्याय बॉलीवुड के राष्ट्रीय सरोकारों को अनुरेखित करता है जैसे हिंसा, आतंकवाद, भ्रष्टाचार, अपवंचना, पृथकतावाद इत्यादि। अंतिम अध्याय उस अधूरी यात्रा को इंगित करता है जिसे बॉलीवुड के सिद्धांतकारों को पूरा

करना आवश्यक है ताकि उसे विश्व के सिनेमा के विमर्श में यथोचित स्थान दिलाया जा सके।

इस पुस्तक के बहाने मैं उन लेखकों के प्रति आभार प्रकट करना चाहता हूँ जिन्होंने बॉलीवुड की समझ को अलग-अलग प्रकार से विकसित किया है। इनमें प्रमुख रूप से उल्लेखनीय है आशीष राजाध्यक्ष, माधव प्रसाद, रवि वासुदेवन, आशीष नंदी, विजय मिश्र, वैलन्टीना विटाली, एम.के. राघवेन्द्र तथा रेचल ड्वायर। माधव प्रसाद तथा रवि वासुदेवन के साथ सिनेमा गोष्ठियाँ में होने वाली बातचीत से यह पुस्तक विशेष रूप से लाभान्वित हुई है।

मित्रवर राकेश मंजुल का आभारी हूँ जिन्होंने इतने कम समय में पुस्तक लिखने का प्रस्ताव रख मुझे चुनौती पूर्ण स्थिति में डाल दिया। पहली पाठक की हैसियत से ममता समय-समय पर सुझाव देती रही जिसके लिए में कृतज्ञता प्रकट करना चाहूँगा। फिर भी पुस्तक में जो खामियाँ रह गई हैं उनके लिए केवल मैं ही पूरी तरह से जिम्मेदार हूँ।

इलाहाबाद — ललित जोशी

5 दिसम्बर, 2010

अध्याय एक

इक्कीसवीं शताब्दी में सिनेमा चिन्तन

जॉक्स लाकाँ

अर्जुन अप्पादुरई

स्लैवाय जिजॉक

इक्कीसवीं शताब्दी में सिनेमा चिन्तन

यह शताब्दी विगत शताब्दियों से एक महत्त्वपूर्ण दृष्टि में भिन्न है—वह अपने दामन में अनेक तस्वीरें तथा ध्वनियाँ समेट कर लाई है। इसका अर्थ यह नहीं कि पिछली शताब्दियाँ दृश्य-श्रव्य के प्रति संवेदनहीन थीं। फ़र्क केवल इतना है कि वर्तमान शताब्दी में उन्हें सजाने-सँवारने तथा संरक्षित और इस्तेमाल करने की अद्‍भुत क्षमता है। ऐसा पहले कभी नहीं हुआ था। चुम्बकीय टेप के अलावा डिजिटल तकनीकों के विस्तार से बड़े पैमाने पर सूचनाओं को संग्रहित किया जा रहा है। आज विश्व स्तर पर वर्चुअल (आभासी) प्रयोगशालाओं का निर्माण किया जा रहा है जहाँ सूचनाओं को आभासी स्पेस में रखकर अनुसंधान हो सकेगा। नई नैतिक दुविधाओं को जन्म देने के लिए यह काफ़ी है। अर्थात् क्या भविष्य में वास्तविक और आभासी के बीच भेद मिट सकेगा। आँग्ल-यूरोपीय दर्शन में वास्तविक की व्याख्या के सम्बन्ध में बहस काफ़ी पुरानी है। वर्तमान में मनोविज्ञानियों के ख़ेमे में पहुँचकर इसने एक दिलचस्प मोड़ ले लिया है। मसलन दृश्य-श्रव्य के संदर्भ में फ्रांसीसी मनोविज्ञानी जॉक्स लाकाँ लिखते हैं कि हम वास्तविक को कभी नहीं जान पाएँगे क्योंकि वह हमसे आँखें बचा कर निकल जाता है।[1] जिसे हम वास्तविक समझते हैं वह केवल उसका पुतला (Effigy) है।[2] लाकाँ के समकालीन स्लोवाक मूल के स्लैवॉय ज़िज़ेक ने असहमत होते हुए लिखा कि लाकाँ का दोष यह है कि वह वास्तविक की उपस्थिति को नकार नहीं पाते। जबकि वास्तविक केवल एक शून्य है[3], यदि उसे हम ग्रहण करने की कोशिश भी करें तो केवल उसके प्रतीकात्मक रूप को ही जान पाएँगे। कुल मिलाकर लाकाँ और ज़िज़ेक वास्तविक को ग्रहण कर पाने तथा उसकी व्याख्या करने में अपनी-अपनी लाचारी को ज़ाहिर कर रहे हैं। वर्तमान शताब्दी की नैतिक दुविधा यही है डिजिटल प्रौद्योगिकी के क्षेत्र में होने वाले आविष्कारों ने मीडिया

उद्योगों को सर्जना के नये अवसर प्रदान किए हैं। मसलन फ़िल्मकार एक ही आख्यान के भीतर अभिलेखागारीय फुटेज, अचल चित्रों, ग्राफिक्स तथा वास्तविक शूटिंग के अंशों का प्रयोग करने लगे हैं। इस प्रकार रचना और रचना-कर्म दोनों ही जटिल होते जा रहे हैं। उधर संगीतकार भी तरह-तरह की ध्वनियों के नमूनों को जोड़ कर नये आख्यानों को रच रहे हैं। दृश्य और श्रव्य के उक्त समायोजन से उत्पन्न बहुआयामी पाठों का अध्ययन तथा उसमें छिपे अर्थ ढूँढ़ना विद्वानों के लिए चुनौतीपूर्ण कार्य हो गया है।

इस बिंदु पर उल्लेख करना समीचीन होगा कि कई बरस पहले फ्रैंकफुर्त चिन्तन पद्धति के प्रतिनिधि वॉल्टर बेंजामिन ने अपने चर्चित निबंध 'आर्ट इन द एज ऑफ मेकनिकल रिप्रोडक्शन' में लिखा था कि मशीनी युग में कला आभाहीन होने लगी है क्योंकि वह मानवीय स्पर्श से पूर्णतया मुक्त हो चली है।[5] लगभग ऐसा ही विचार भारतीय कला के समालोचक अरविंद केन्टिश कुमार स्वामी ने भी प्रस्तुत किया था जब उन्होंने ग्रामोफोन के भारत आगमन को शास्त्रीय संगीत के लिए विनाशकारी लक्षण की तरह देखा था।[6] गौरतलब है कि बेंजामिन मार्क्सवादी थे अतएव फ्रैंकफुर्त पद्धति के अन्य संस्थापकों जैसे मैक्स होर्कहाइमर तथा थियोडोर अडोर्नो की भाँति वह मानते हैं कि औद्योगिक पूँजीवाद के अतिक्रमण के कारण कला का चरित्र विकृत होता जा रहा था।[7] कुमार स्वामी मार्क्सवादी नहीं थे किन्तु मशीनी कला के जबर्दस्त विरोधी थे क्योंकि वह उसे पाश्चात्य सभ्यता का आरोपण मानते थे। प्रौद्योगिकी को कला-विरोधी मानने का दृष्टिकोण पुराना हो चला है। वर्तमान में जब प्रौद्योगिकी जनप्रिय संस्कृति के अंतःस्थल में पैठ बना चुकी है तो यह जानना आवश्यक हो जाता है कि वह कलात्मक अभिव्यक्तियों को किस प्रकार नये साँचों में ढलने के लिए ज़मीन तैयार करती है। पुनः प्रौद्योगिकी और रूप के अंतर्गुम्फन से कैसे कलाकृति के वैश्विक परिचालन और आस्वादन के द्वार खुलते हैं।[8]

शताब्दी के संक्रमण के साथ हमने इतिहास के जिस चरण में कदम रखा उसे उत्तरसाक्षर कहा जाता है। उत्तरसाक्षरता की विशेषता है कि लोग पढ़ सकते हैं किंतु पढ़ना नहीं, देखना अधिक चाहते हैं। इसका एक अर्थ हुआ मुद्रित पाठ के वर्चस्व को चुनौती। यही कारण है कि आज मुद्रित पाठ, दृश्य-श्रव्य पाठ के साथ रिश्ते कायम करने के लिए बेताब हैं। इसका सर्वोत्कृष्ट उदाहरण समाचार-पत्रों के इलेक्ट्रॉनिक संस्करण हैं जहाँ पाठ के साथ-साथ दृश्य-श्रव्य पाठ तथा विज्ञापन, परा-पाठ के रूप में मौजूद हैं।[9] यह कहना ग़ैरजिम्मेदाराना होगा कि आने वाले समय में मुद्रित पाठ अस्तित्वहीन हो जाएगा। फिर भी एक बात तय है—डिजिटल पर्दे पर पठन-क्रिया की अनुभूति पूर्णतया भिन्न होगी।

सिनेमा और अन्य दृश्य-श्रव्य पाठों की विराट उपस्थिति के बाद भारतीय अकादमिक जगत ने कुछ अपवादों को छोड़कर उनके प्रति चुप्पी साध रखी है। अधिकतर सामाजिक विज्ञानी सिनेमा के बारे में न तो अकादमिक संवाद करना चाहते हैं और न उसके सम्बन्ध में लेखन। ऐसा भी नहीं कि वह उसके प्रभाव से बेखबर हैं। हो सकता है वह दृश्य-श्रव्य पाठों के प्रति असह्य और असुरक्षित महसूस करते हों। सदियों पहले जब वाचिक परम्परा के समक्ष मुद्रण संस्कृति उपस्थित हुई होगी तो वाचिक परम्परा के समर्थकों ने भी स्वयं को इतना ही असहज पाया होगा। विगत दशकों में अमेरिका, यूरोप तथा आस्ट्रेलियाई महाद्वीप में फ़िल्म अध्ययन को अकादमिक जगत वही दर्जा प्रदान कर चुका है जो सामाजिक विज्ञान के विषयों को। यह कार्य फ़िल्म-अध्ययन के विशिष्ट विभागों की स्थापना से सम्पन्न हुआ। इन विभागों को स्नातक, परास्नातक, पाठ्यक्रम चलाने और डॉक्टरेट की उपाधियाँ प्रदान करने का अधिकार है। इसका मतलब यह नहीं कि फ़िल्म अध्ययन की परिभाषा अथवा दायरे को लेकर विद्वान एक मत हैं। वस्तुतः शुरू से ही इसका दायरा इतना व्यापक और लचीला रखा गया कि फ़िल्म पाठों के अध्ययन के साथ-साथ, फ़िल्मों के निर्माण, विपणन, प्रदर्शन और आस्वादन को फ़िल्म अध्ययन की प्रणाली का हिस्सा बनाया जा सके। इस उद्देश्य से अभिलेखागारीय सामग्री की परिभाषा भी अत्यन्त व्यापक रखी गई है। मसलन, फ़िल्म पाठ, निर्माण, वितरण तथा प्रदर्शन से सम्बन्धित प्रकाशित सामग्री/आँकड़े, विज्ञापन, रेडियो, टेलीविज़न, सिनेमा, इंटरनेट, मोबाइल के साथ सिनेमा के अंतःसम्बन्ध सरकारी दस्तावेज़ (सेंसर बोर्ड की रिपोर्ट इत्यादि) ताकि अलग-अलग ऐतिहासिक चरणों में राज्य और सिनेमा के आपसी सम्बन्धों की पड़ताल की जा सके।[10]

फ़िल्म पाठ के अध्येताओं ने फ़िल्म को आधुनिक कला के इतिहास में संदर्भित करने के अलावा सिनेमा में राष्ट्र, नस्ल, वर्ग, जाति इत्यादि के सरोकारों तथा नारीवाद लिंगपरीय सिनेमा समलैंगिक फ़िल्म के विमर्श के साथ जोड़ने का प्रयास किया है। कुछ विद्वानों ने सिनेमा के वर्गीकरण द्वारा एक सारग्रही विधा को जन्म दिया है।[11] 1995 में प्रकाशित एक महत्त्वपूर्ण आलेख में रवि वासुदेवन[12] ने लिखा कि फ़िल्म अध्ययन का उद्देश्य आधुनिकता की तफतीश है क्योंकि सिनेमा मूलतः आधुनिकता का केंद्रीय उपकरण है। इसकी दो स्तरों पर निशानदेही हो सकती है। प्रथम, एक यंत्र के रूप में जो आकृतियों की प्रतिलिपियाँ तैयार कर निरूपण की परम्पराओं का परावर्तन करता है तथा द्वितीय, उस उपकरण के रूप में जो सामाजिक और संस्थागत तौर पर आधुनिकता के परिचालन के लिए उत्तरदायी है।[13] गौरतलब है कि सिनेमा की यात्रा शहर से शुरू होकर ग्रामीण अंचलों की ओर रुख करती है। इसलिए आधुनिकता की तस्वीर पहले शहरी तथा बाद में ग्रामीण दर्शकों को देखने

को मिलती है।

सिनेमा की आधुनिकता के साथ अंतरंगता पर व्यापक प्रकाश डालते हुए जॉन ऑर लिखते हैं कि हालाँकि आधुनिकता के तार सिनेमा के प्रारम्भिक दौर से जुड़े हैं फिर भी उसे सिनेमाई स्पेस से विस्थापित करने का कोई प्रयास आज तक नहीं किया गया। इसका कारण है सिनेमा का आत्म-चिन्तनात्मक चरित्र। उसमें वक्रोक्ति, साझेपन, आत्मचिन्तन की जबर्दस्त क्षमता है। इसलिए वह आधुनिकता के साथ जुड़े रहने पर भी उसकी उच्छेदक व्याख्या प्रस्तुत कर सकता है। ऑर का तर्क विचारणीय है क्योंकि चाहे वह एशियाई सिनेमा हो (कुरोसावा, राय, मकमल बाफ, जाँग यीम) या अफ्रीकाई (उस्मान सेम्बेनी, इदरीस आउदराओगो, माइकेल हेमन) या लैटिन अमेरिकन (अल्फोन्सो अरो, ब्रूनो बरेतो, टॉमस गुतिरेज़ एलिया, मिगुएल लिमिन) सिनेमा ने अपनी आलोचनात्मक धार को भोथरा नहीं होने दिया। वैसे भी व्यापक संदर्भ में देखें तो हमारे जीवन से ही आधुनिकता के विमर्श का ह्रास नहीं हो पा रहा है। वह परा-केंद्रित होकर या वैकल्पिक आधुनिकताओं का आवरण ओढ़कर हमारे बीच निरंतर अवतरित होती रहती है।[15]

हिन्दी सिनेमा के शैशवकाल से ही आधुनिकता और परम्परा के बीच होने वाली टकराहट को सुना जा सकता है। चाहे वह स्वदेशी सिनेमा की परिकल्पना हो या राष्ट्रवाद की, हिन्दी सिनेमा का आख्यानात्मक स्पेस में आधुनिकता तथा परंपरा के बीच द्वन्द निरंतर दिखलाई पड़ता है। हिन्दी सिनेमा के बॉलीवुडीकरण के बाद भी यह रस्साकशी समाप्त नहीं हुई। केवल बिम्ब बदलते गए। नये संदर्भ में आधुनिकता का अर्थ हो गया महानगरीय जीवन और उसका आनंद तथा प्रवासी भारतीय और उसकी विलासपूर्ण जिन्दगी। उधर संयुक्त परिवार (सामंती परिवार), महिलाएँ तथा आनुष्ठानिक जीवन परम्परा के प्रतीक बन गये। अफसोस कि हिन्दी सिनेमा की डायजेटिक स्पेस का अभिन्न हिस्सा होने के बाद भी आधुनिकता का प्रसंग हिन्दी में प्रकाशित सिनेमा सम्बन्धी पुस्तकों से नदारद है।

अध्याय के अगले हिस्से में मैं हिन्दी के प्रकाशित पुस्तकों के एक और अनुपस्थिति के बारे में पाठकों का ध्यान आकृष्ट करना चाहूँगा। वह जिसे सिनेमा – अध्ययन के 'तकनीकी' पक्ष के नाम से जाना जाता है। वास्तव में 'तकनीकी' पक्ष ही सिनेभाषा को गढ़ता है। मसलन केवल कैमरे और सम्पादन की विधाओं को समझने की जरूरत है 'क्या' दिखलाया जा रहा है जरूरी है, किन्तु वह इस बात पर निर्भर है कि 'कैसे' दिखलाया जा रहा है। 'कैसे' के बिना फ़िल्म रूप को नहीं समझा जा सकता है। दर्शकों को आख्यान के साथ भावात्मक रूप से जोड़ने के लिए फ़िल्मकार क्लोज़-अप/मीडियम शॉट/लाँग टेक। डीप फोकस आदि शॉट विन्यासों

का प्रयोग करता है। लगभग यही मकसद कैमरे की गति को बदलने (पैनिंग, ट्रैकिंग, ज़ूमिंग), कोण को बदलने (टिल्ट/एरियल), शॉट-निबन्धन, प्रकाश सज्जा मेक-अप, सम्पादन (कट/डिजाल्व/फेड/वाइप समानान्तर सम्पादन, फ्लैशबैक, फ्लैशफारवड) तथा ध्वनि संयोजन का होता है। फ़िल्म अध्ययन की परम्परा 'तकनीकी' कहलाए जाने वाले पक्ष को प्रत्यक्षतः सम्बोधित करती है कि दृश्य/संवाद, ध्वनि-फ़िल्म आख्यान के अभिन्न अंग हैं और उन्हें अलग-अलग रखकर नहीं देखा जा सकता है।

हिन्दी फ़िल्म–लेखन में तीसरी अनुपस्थिति है सैद्धान्तिक पक्ष। यहाँ सिद्धान्त से मेरा तात्पर्य है उन सभी विश्लेषणात्मक पद्धतियों का प्रयोग जो फ़िल्म आख्यान के पठन तथा गूढ़ार्थों के सृजन में सहायक सिद्ध हो सकें। बीसवीं शताब्दी के आरम्भ से ही आँग्ल-यूरोपीय सिनेमा को समझने के लिए जर्मन दार्शनिक ह्यूगो मन्स्टरबर्ग (1863-1917) ने पठन की नई परंपराएँ कायम की जिन्हें सोवियत फ़िल्मकार सर्गेई आइजेस्टाइन (1898-1948), जर्मन कला विशेषज्ञ रूडोल्फ आर्नहाइम (1904-2007), फ्राँसीसी सिद्धांतकार आँद्रे बाजाँ (1918-1958), जर्मन विद्वान सिगफ्राइड क्रैकुअर (1889-1966) तथा क्रिश्चियन मेट्ज (1831-1933), अमेरिकी नारीवादी चिंतक लॉरा मल्वी (1941), एवं फ्राँसीसी दार्शनिक ज्याॅ देल्यूज (1925-1926) ने आगे बढ़ाया। उधर चीन, जापान, ईरान तथा अनेक अफ्रीकाई और लैटिन अमेरिकी देशों में स्वदेशी पठन की पद्धतियों को स्थापित करने की मुहिम जारी है।[16]

जर्मन दार्शनिक मन्स्टरबर्ग ने 1916 में प्रकाशित 'द फोटोप्ले ए साइकोलोजिकल स्टडी' के ज़रिए सिनेमा के दर्शन और सौंदर्यशास्त्र को पहली बार अनुरेखित किया। मन्स्टरबर्ग के अनुसार सिनेमा का एक तकनीकी पक्ष है दूसरा सामाजिक। यदि तकनीक सिनेमा का जिस्म है तो समाज उसमें प्राण फूँकने की क्षमता रखता है। मन्स्टरबर्ग दर्शक के मानस तथा सिनेमाई आख्यान के आपसी सम्बन्ध की गहराई से पड़ताल करना चाहते थे। उनका तर्क था कि मानस पटल में बाहरी दुनिया की वस्तुओं, घटनाओं और मनःस्थिति के प्रभाव पहले से ही मौजूद रहते हैं। सिनेमा केवल उनका उपयोग करता है। वह देशकाल और सामाजिक क्रियाशीलता के माध्यम से सामंजस्य स्थापित कर दर्शकों को बाहरी दुनिया की अराजकता से मुक्ति दिलाता है। यह तभी सम्भव है जब दर्शक इस सामंजस्य को स्वीकार करे। इस प्रकार मानस की सत्ता सर्वोच्च हो जाती है।

बीसवीं शताब्दी के पहले दशक में रूस के प्रख्यात फ़िल्मकार सर्गेई आइजेंस्टाइन ने न केवल रूसी फ़िल्मों के निर्माण का ढाँचा खड़ा किया बल्कि उनके पठन और व्याख्या का नया शास्त्र भी रचा। इस बात की पुष्टि उनकी तीन चर्चित फ़िल्मों–स्ट्राइक

(1924), बैटलशिप पोटेमकिन (1925) तथा अक्टूबर से होती है। यह कहना अतिश्योक्ति नहीं होगी कि अगर स्ट्राइक ने मोंताज की वर्णमाला विकसित की तो बैटलशिप पोटेमकिन ने सिनेमाई भाषा की वाक्य रचना।

सिनेमा के सम्बन्ध में आइजेंस्टाइन के विचार 'ऑन द क्वेश्चंस ऑफ ए मैटीरयलिस्ट एप्रोच टू फ़िल्म' (1925) नामक आलेख में प्रकाशित किए गए। आइजेंस्टाइन के अनुसार एकल शॉट फ़िल्म की लघुतम इकाई हैं। यदि दो या अधिक शॉट्स को सावधानी से जोड़ा जाए तो एक नई वाक्य रचना तैयार हो जाती है। चीनी तथा जापानी भाषाओं की वाक्य रचनाओं से प्रभावित आइजेंस्टाइन ने अपनी विद्या को द्वंद्वात्मक मोंताज का नाम दिया। आइजेंस्टाइन का मानना था कि सिनेमाई भाषा में अर्थ द्वंद्वात्मक अंतःक्रिया का नतीजा है। इस प्रकार जब शॉट 'क' और 'ख' जोड़े जाएँगे तो शॉट 'ग' का निर्माण होगा जो 'क' और 'ख' के द्वंद्वात्मक अंतःसम्बन्धों के कारण बना है। आइजेंस्टाइन आकर्षण सिद्धांत के जनक भी थे। इस सिद्धांत में कहा गया कि हर शॉट में एक प्रधान आकर्षण होता है। फ़िल्मकारों को चाहिए कि वह आकर्षणों की वर्चस्वता को नियन्त्रित रखे। यह तभी सम्भव है जब मोंताज द्वारा शॉट्स के बीच द्वंद्वात्मक क्रिया को गतिशील बनाया जाए। आइजेंस्टाइन अर्थ के प्रकटीकरण में दर्शक की भूमिका को अहम मानते हैं। वह फ़िल्म आख्यान के भीतर चलने वाली क्रिया तथा मानसिक क्रिया से उत्पन्न एक द्वंद्वात्मकता की परिकल्पना कर चुके थे। उक्त मत परिपक्व रूप में फ़िल्म सेन्स (1942) तथा फ़िल्म फॉर्म (1949) में व्याख्यायित किए गए हैं।

जर्मन सिद्धांतकार रूडोल्फ आर्नहाइम की पुस्तक 'फ़िल्म एज़ आर्ट' (1933) तब प्रकाशित हुई थी जब मूक सिनेमा को विस्थापित करने के अभियान में सवाक फ़िल्म अन्तिम चरण में पहुँच चुकी थी। आर्नहाइम मूक फ़िल्मों की परम्परा समाप्त हो जाने की हक़ीक़त से आहत थे। उनका मानना था कि मूक फ़िल्मों में कलात्मक सर्जना चरमावस्था पर जा पहुँची थी। सवाक फ़िल्मों ने ध्वनि और संवादों के समावेश से चाक्षुष परिकल्पना की सीमाओं को संकुचित कर दिया था। फ़िल्म एज़ आर्ट में उन्होंने लिखा कि जैसे कविता शब्दों का एहसास दिलाती है, चित्रकला रेखाओं और रंगों का, फ़िल्म दर्शकों को मनोवैज्ञानिक प्रक्रियाओं की ओर खींचती है। आर्नहाइम के अनुसार फ़िल्म प्राकृतिक तथा भौतिक संसार को रूपांतरितकरते हुए एक नवीन कृति में बदल देती है। यह कृति कलात्मक है क्योंकि रूपान्तरण के नियम प्राकृतिक तथा भौतिक जगत द्वारा नहीं वरन् कला की प्रचलित मान्यताओं द्वारा निर्धारित किएजाते हैं।

कला के इतिहास की नज़र से देखा जाए तो मन्सूटरबर्ग, आइजेंस्टाइन तथा आर्नहाइम रूपवाद के प्रवर्तक थे।[17] आइजेंस्टाइन के स्वयं को समाजवादी घोषित

किए जाने के बावजूद सोवियत कम्युनिस्ट पार्टी ने उन पर रूपवादी होने का इल्ज़ाम, अक्टूबर (1928) के निर्माण के बाद लगाया था। रूपवाद से भिन्न तथा कई मायनों में विपरीत फ़िल्म को यथार्थवादी (भौतिकवादी) अभिव्यक्ति मानने वाले प्रतिनिधि आँद्रे बाज़ाँ हैं। बाज़ाँ ने 1950 के दशक में 'काहिये दू सिनेमा' (सिनेमा के दस्तावेज़) नामक पत्रिका का प्रकाशन आरम्भ किया था। उसी दौर में फ्राँसीसी सिनेमा त्रूफो, गोदार, रोमा, शब्रोल सरीखे 'फ्रेंच न्यूवेव' सिनेमा के प्रवर्तकों के प्रयोगों से आँदोलित हो उठा था। इनमें कुछ बाज़ाँ की पत्रिका के लिए नियमित रूप से लिखा करते थे। बाज़ाँ के विचारों का संकलन दो खण्डों में 'व्हाट इज़ सिनेमा' (1971) में प्रकाशित किया गया है।

बाज़ाँ सिनेमा को यथार्थ की कला मानते थे क्योंकि कला के इतिहास में यह पहला अवसर था जब मूल वस्तु (यथार्थ) की प्रत्युत्पत्ति ने तकनीकि साधन (कैमरे) का प्रयोग किया था। फिर भी बाज़ाँ जानते थे कि कैमरे ने जिस यथार्थ को दर्ज किया था वह मूल वस्तु से बिलकुल भिन्न था। इसके लिए वह बिम्ब अलंकरण को दोषी ठहराते थे। बाज़ाँ का मानना था कि जितने अधिक बिम्बों का प्रयोग होगा सिनेमा यथार्थ से उतना ही दूर होता चला जाएगा। बाज़ाँ आश्वस्त थे कि अलंकरण रंगमंच की शैली है जबकि सिनेमा का दायित्व था कि वह पर्दे पर दिखलाए जा रहे यथार्थ को प्राकृतिक यथार्थ के क़रीब लाए।

फ़िल्म की यथार्थवादी व्याख्या की परम्परा को आगे बढ़ाने में जर्मन चिन्तक सिगफ्राइड क्रैकुअर की अग्रणी भूमिका रही। 1957 में प्रकाशित 'फ्राम कैलीगरी टू हिटलर' में उन्होंने लिखा कि यदि 1920-1950 तक की जर्मन फ़िल्मों का अध्ययन किया जाए तो प्रथम महायुद्ध की समाप्ति के उपरान्त जर्मनी में पनपने वाली अधिनायकतंत्रवादी शक्तियों की पड़ताल की जा सकती है। शायद यह बेहतर तरीके से जाना जा सकता है कि हिटलर का उदय क्यों हुआ। इस प्रकार क्रैकुअर सामूहिक अवचेतन तथा राजनैतिक घटनाओं के बीच सीधा सम्बन्ध जोड़ते हैं। क्रैकुअर को विश्वास था कि फ़िल्में विशाल दर्शक समूहों की आकाँक्षाओं की पूर्ति के लिए बनाई जाती हैं। दो महायुद्धों के बीच बनी कई जर्मन फ़िल्मों में अधिनायकतंत्रवाद को मौन निमंत्रण देकर उस मध्यम वर्ग को लक्षित किया गया था जो जर्मनी की सामूहिक अचेतनावस्था का प्रतीक था।

कैलीगरी के तीन वर्षों बाद क्रैकुअर की दूसरी चर्चित पुस्तक 'थ्योरी ऑफ फ़िल्म' का प्रकाशन हुआ। इस पुस्तक के प्रारम्भ में वह स्वयं को यथार्थवाद के प्रबल समर्थक के रूप में स्थापित करते हैं। क्रैकुअर के अनुसार फ़िल्म के भौतिक सौन्दर्यशास्त्र की बुनियाद में उसकी अंतर्वस्तु है। अंतर्वस्तु का सीधा सम्बन्ध यथार्थ

से है। वास्तव में फ़िल्म का कच्चा माल बाहरी दुनिया है जिसे वह तकनीक के सहारे अंतर्वस्तु में रूपांतरित करती है। इस प्रकार फ़िल्म पहला ऐसा कलारूप है जिसमें अंतर्वस्तु न कि कला का पलड़ा भारी हो जाता है।

द्वितीय महायुद्ध के बाद यूरोप के सामाजिक विज्ञानियों का यथार्थवाद के प्रति उत्साह ठंडा पड़ने लगा। इस समय एक नई विधा, बिम्ब विज्ञान को लेकर काफ़ी चर्चाएँ थीं। बिम्ब विज्ञान को व्यवस्थिति रूप स्विट्जरलैण्ड के भाषाविद् फर्डिनेण्ड दॅ सास्योर ने दिया। बिम्ब विज्ञानियों सामान्यतः दावा किया कि हम दुनिया के बारे में कुछ नहीं जान सकते हैं। जिसे हम ज्ञान कहते हैं वह केवल वस्तुओं के बिम्ब हैं वस्तु नहीं। क्रिश्चियन मेट्ज़ (जर्मनी के सिद्धान्तकार) ने बिम्ब विज्ञान की स्थापनाओं से प्रभावित होकर 1974 में एक लम्बा निबंध लिखा जिसका शीर्षक था 'द इमेजिनेरी सिग्नीफायर'। इस निबंध में मेट्ज . ने सिनेमा के विज्ञान को रचने तथा चुनिंदा फ़िल्मों के अध्ययन की नई परम्परा कायम की। सिनेमाई आख्यान को (1) गतिमान आकृतियों (2) ग्राफिक आकृतियों (3) संवाद (4) ध्वनि (5) ध्वनि प्रभाव में बाँटते हुए उन्होंने लिखा कि सिनेमा की भाषा मौखिक भाषा से प्रायः भिन्न है।[9] पुन : सिनेमा चिन्ह तथा चिन्हित। चाहे वह दृश्य या श्रव्य को इंगित करते हों। एक-दूसरे में कुछ इस तरह गुँथे हुए हैं कि उन्हें पृथक् नहीं किया जा सकता है। इसका व्यावहारिक उदाहरण प्रस्तुत करते हुए मेट्ज़ ने टेलीफोन के क्लोज़-अप शॉट का ज़िक्र किया है। मेट्ज़ के अनुसार मौखिकी भाषा में शॉट का अर्थ 'यह टेलीफोन है' हो सकता है किंतु फ़िल्म के आख्यान में अन्य शॉट्स तथा उनसे उत्पन्न होने वाले चिन्ह और अर्थ के बिम्ब उसके अन्तःसम्बन्ध अनेकानेक निर्धारित करेंगे कि क्लोज़-अप का अर्थ क्या है। इस प्रकार चिन्हों के बीच चलने वाला अंतःसंवाद अर्थों का जनक बन जाता है।

यूरोप तथा संयुक्त राष्ट्र अमेरिका के इतिहास में 1960 तथा 70 के दशक नागरिक अधिकार आंदोलन (मार्टिन लूथरकिंग, वियतनाम युद्धविरोधी आंदोलन, छात्र आंदोलन तथा नारीवादी आंदोलन) के लिए जाने जाते हैं।[18] फ़िल्म अध्ययन की दृष्टि से भी यह अत्यन्त महत्त्वपूर्ण दौर साबित हुआ। 1975 में अमेरिकी नारीवादी चिन्तक लॉरा मल्वी ने 'वीज़ुअल प्लेज़र एण्ड नैरेटिव सिनेमा' के प्रकाशन से फ़िल्म सिद्धांतकारों को पूर्णतया झकझोर दिया। यह हॉलीवुड सिनेमा की प्रथम नारीवादी व्याख्या थी। सिनेमा तथा चाक्षुष आनंद के बीच सम्बन्ध स्थापित करते हुए मल्वी लिखती हैं कि सिनेमा के पर्दे को देखना ही आनंद का कारण है। फीलिया का उल्लेख पहले भी फ्रायड तथा जॉक्स लाकाँ कर चुके थे। किन्तु जेण्डर के कारण स्त्रियों और पुरुषों को देखने तथा दिखाने का तरीका भिन्न हो चुका है। सिनेमाई

आख्यान के अंदर मौजूद पुरुषों तथा दर्शकों की कतार में बैठे पुरुष, सदैव सक्रिय होकर स्त्रियों को देखते हैं। स्त्रियाँ लैंगिक प्रदर्शन की वस्तु बन जाती हैं। यह स्त्रियों को नपुंसक बनाने के समान है। मल्वी की समकालीन क्लैयर जॉन्सटन ने 1976 में 'टुआर्ड्स ए फैमिनिस्ट फ़िल्म प्रैक्टिस सम नोट्स' नामक आलेख में मनोविश्लेषण सिद्धांत की मदद से तर्क रखा कि बिना चाक्षुष आनंद के सिनेमा की परिकल्पना भी नहीं की जा सकती है। पुरुष दर्शकों को वॉयर बनने से कोई नहीं रोक सकता है। फिर भी नारीवादी फ़िल्म आलोचना का उद्देश्य पर्दे पर स्त्री को अन्धोपासना की वस्तु बनने से बचाना होना चाहिए। यह एक जटिल कार्य है क्योंकि इसे सिनेमा की आनंदमयता को घटाए बिना पूरा नहीं किया जा सकता है।

आँग्ल-यूरोपीय सिद्धांतकारों के विवरण का अंत मैं ज़िय दलज़ की दो रचनाओं सिनेमा प्रथम : द मूवमेंट इमेज तथा सिनेमा द्वितीय : द टाइम इमेज की संक्षिप्त विवेचना से करना चाहूँगा।[19] दलज़ के लिए सिनेमा किस्सागोई की वैकल्पिक परम्परा नहीं है। सिनेमा वस्तुतः चिन्तन और परिकल्पना की समस्त सम्भावनाओं को बदल देता है। सिनेमा क्यों है? इस प्रश्न का उत्तर देते हुए दलज़ लिखते हैं कि सिनेमा को किसी द्रष्टा विशेष की व्याख्या तक सीमित नहीं रखा जा सकता है, दरअसल सिनेमा पहला कला रूप है जिसने द्रष्टा की व्यवस्थित सोच को ही विस्थापित कर दिया। सिनेमा में क्षमता है कि शॉट्स के क्रम को एकाएक बदल कर आख्यान की व्यवस्था को भंग कर वैकल्पिक सम्भावनाओं को जन्म दे सके। इस प्रकार सिनेमा, दर्शको को उस मनोवृत्ति से उबारता है जो उन्हें बाहरी जीवन को व्यवस्थित देखने के लिए विवश करती है। दलज़ ने सिनेमा में दो प्रकार की आकृतियों की चर्चा की है—गति आकृति तथा काल आकृति। गति आकृति का मतलब है सिनेमा द्वारा काल के बारे में अप्रत्यक्ष सूचना देना तथा काल आकृति का अर्थ है काल के सम्बन्ध में प्रत्यक्ष सूचना उपलब्ध कराना। इस प्रकार गति-आकृति तथा काल-आकृति की सहायता से सिनेमा दर्शकों पर वांछित प्रभाव डालने में सफल हो जाता है।

आंग्ल-यूरोपीय चिंतन से दूरी बनाते हुए हिन्दी सिनेमा के बारे में शुरुआती टिप्पणियों के संदर्भ में चिदानंद दास गुप्ता का उल्लेख किया जाना आवश्यक है।[20] दास गुप्ता हिन्दी सिनेमा को 'मिथक' तथा 'फंतासी' से अधिक नहीं समझते। किंतु इसके लिए वह फ़िल्मकार नहीं बल्कि दर्शकों को दोष देते हैं। दास गुप्ता के अनुसार भारतीय जन मानस यथार्थ को मिथक से अलग कर देखने में असमर्थ हैं। इसलिए हिन्दी सिनेमा को अर्थपूर्ण नहीं बनाया जा सका। अपने मित्र और समकालीन दास गुप्ता की भाँति सत्यजित राय हिन्दी सिनेमा की कुरूपता और कृत्रिमता का उल्लेख

करते हैं :

हिंदी फ़िल्म के मसाले सुपरिचित हैं..... रंग (ईस्टमैन), गीत (छह या सात), नृत्य एकल या सामूहिक, जितना उन्मादपूर्ण उतना अच्छा, यद्यपि, बुरी लड़की, अच्छी लड़की, बुरा व्यक्ति, अच्छा व्यक्ति, प्रेम (चुम्बन वर्जित), अश्रु बहना..... हाथापाई, पीछा, भावातिरेक, पात्र जिनका अस्तित्व शून्य में है..... कुलू, मनाली, ऊटी, कश्मीर, लंदन, पेरिस, हाँगकाँग, टोकियो में लोकेशन.... कोई तीन फ़िल्मों को देखा जाए तो दो में यह मसाले मिल जाएँगे.... शास्त्रीय परिपाटी के नवरसों को फूहड़ता के अंतिम चरण तक ले जाना।[21] हिन्दी सिनेमा को "मिथकीय' कुरूप तथा फंतासी घोषित करने से उसकी समझ को नहीं बढ़ाया जा सकता है, दास गुप्ता और राय की टिप्पणियों का महत्व इस बात में है कि वह हिन्दी सिनेमा के बारे में व्यक्त किए गए प्रारम्भिक विचार हैं।

सुमिता चक्रवर्ती पहली विद्वान हैं जिन्होंने भारतीय सिनेमा की चर्चा राष्ट्र और उसके सरोकारों के संदर्भ में की है। चक्रवर्ती भारतीय सिनेमा को छद्मवेषी सिनेमा की संज्ञा प्रदान करती हैं। मानो वह अपने छद्मवेष द्वारा राष्ट्र को ही छल रहा हो। इसकी झलक उसकी अभिनय/प्रदर्शन की शैली में स्पष्टता से देखी जा सकती है जो यथार्थवाद से कोसों दूर है।[22] स्पष्ट है कि चक्रवर्ती का पैमाना भी यथार्थवाद है। इसलिए वह सिनेमा के प्रतीकात्मक आधार तथा बिम्ब विन्यास के चरित्र को रचनात्मक तरीके से उघाड़ नहीं पाई।

1998 में मनोविज्ञानशास्त्री आशीष नंदी ने हिन्दी सिनेमा के लिए एक अजीबोग़रीब अलंकार का प्रयोग किया। उन्होंने उसकी तुलना शहरी मलिन बस्ती से की। नंदी के अनुसार जिस प्रकार हिन्दी सिनेमा में रोज़मर्रा की जद्दोजेहद, अस्तित्व को बचाने का प्रयास, हास्य और त्रासदी, शास्त्रीय और लोक तथा पूरब और पश्चिम के तत्वों का मिश्रण दिखलाई पड़ता है ठीक वैसा ही मलिन बस्तियों के दैनन्दिन जीवन में देखा जा सकता है। शहरी मलिन बस्ती की भाँति वह वैश्विक संस्कृति द्वारा किए जा रहे समरूपीकरण के प्रयासों को अवरुद्ध करता है।[23] इस प्रकार नंदी के विचारों में आग्रह छिपा है कि मलिन बस्ती रूपी हिन्दी सिनेमा अपनी पहचान के पूर्व-आधुनिक तत्त्वों को बचाए रखने के लिए सदैव तत्पर रहता है उसे खतरा चाहे आधुनिकता से हो या वैश्वीकरण से।[24]

हिन्दी सिनेमा के पठन की विशिष्ट शैली के सम्बन्ध में जानने के लिए आशीष राजाध्यक्ष के 1993 में प्रकाशित आलेख 'दा फालके एरा' का जिक्र प्रासंगिक होगा।[25] राजाध्यक्ष ने यह स्थापित करने की कोशिश की कि दादा साहब फालके ने प्रस्तुति और प्रदर्शन की परम्परागत पद्धतियों का उसी तरह परावर्तन किया जैसे

तत्कालीन रंगमंच और चित्रकला द्वारा किया जा रहा था। मराठी भाषा की 'नवयुग' नामक पत्रिका में प्रकाशित एक लेख में फालके ने निराशा व्यक्त करते हुए लिखा, 'क्या हम भारत की संतानें कभी भारतीय आकृतियों को पर्दे पर देख सकेंगे।[26]'

यहाँ भारतीय आकृतियों से फालके का तात्पर्य उन आकृतियों से है जिनसे भारतीय दर्शक पहले से परिचित थे। यह तभी संगत था जब न केवल फ़िल्म उद्योग स्वदेशी हो वरन् पर्दे पर दिखलाई जाने वाली आकृतियाँ भी। स्पष्ट है कि फालके कहना चाह रहे थे कि सिनेमा आकृतियों की गतिशीलता को दिखाने के लिये परम्परागत तकनीकों की मदद से उनमें भारतीयता का परावर्तित बिम्ब प्रस्तुत कर सकता थी।[27]

फालके ने यह भी महसूस किया कि बिम्ब का सवाल केवल पर्दे पर दिखलाई जाने वाली आकृतियों तक ही नहीं सीमित था। दर्शक की दृष्टि को भी भारतीय होना आवश्यक था। यह उद्देश्य सुपरिचित और द्विआयामी आकृतियों को पर्दे पर घनीभूत रूप में संपादित कर सम्पन्न किया गया।[28] यहाँ सुपरिचित और घनीभूत आकृतियों से तात्पर्य है वह आकृतियाँ जो क्रोमोलियोग्राफ की मदद से तैयार किए गए धार्मिक चित्रों तथा मराठी रंगमंच के उन पात्रों की भाँति दिखलाई पड़ती थीं जो देवी, देवताओं की भाँति मंच/फ्रेम के भीतर केन्द्रीय स्थान ग्रहण किया करते थे।

हिन्दी सिनेमा में आकृतियों के केन्द्रात्मक होने की धारणा को कला विशेषज्ञ अनुराधा कपूर ने सुस्पष्ट किया है। कपूर के अनुसार आकृति की केन्द्रीयता को 'शब्द', 'बनावट', 'प्रदर्शन' इत्यादि के स्तरों पर भारत की सभी जनप्रिय कलाओं में देखा जा सकता है। कपूर आकृतियों की केन्द्रीयता की परम्परा को पौराणिक काल से चली आ रही प्रतीकात्मकता के विचार से जोड़ती हैं।[29] यही प्रतीकात्मकता पूर्व मुगलकाल से होते हुए उत्तर मुगलकाल और उन्नीसवीं शताब्दी की भारतीय कला की विशिष्ट पहचान बन गई।[30] कपूर के अनुसार फालके और प्रभात टाकीज़ की कई फ़िल्मों में प्रतीकात्मकता के प्रभाव को साफ तौर पर देखा जा सकता है।[31]

केंद्रीत्यकता की चर्चा को आगे बढ़ाते हुए माधव प्रसाद लिखते हैं कि हिन्दी सिनेमा में दिखाने और देखने का तरीका एक पूर्व-आधुनिक परम्परा 'दर्शन' द्वारा पहले ही निर्धारित किया जा चुका था। प्रसाद के अनुसार 'दर्शन' उस चाक्षुष विनिमय को इंगित करता है जो भक्तों तथा देवी, देवताओं के बीच चलता रहता है।[32] 'दर्शन' की विशिष्टता इस बात में है कि एक स्थिति में दोनों के बीच चाक्षुष भेद ही समाप्त हो जाता है।[33] इस प्रकार देवी/देवता दर्शन देते हैं, भक्त ग्रहण करते हैं, एक दूसरे को आत्मसात करते हैं। यह प्रक्रिया निरंतर चलती रहती है। प्रसाद की व्याख्या सटीक है क्योंकि कई मर्तबा ऐसा होता है कि बावजूद इसके कि पटकथा

कमज़ोर हो या अप्रभावी, दर्शक सिनेमा देखने इसलिए जाएँगे कि उन्हें अपने प्रिय सितारे के दर्शन करने हैं। हो सकता है कि वह दर्शन के बाद स्वयं सितारे जैसा महसूस करें। यही है रुपहले पर्दे तिलस्मी दर्शन का आकर्षण। फिल्म विशेवज्ञ रवि वासुदेवन ने दर्शकों को हिन्दी सिनेमा की आख्यानात्मक संरचना से जोड़ने की अन्य प्रक्रिया का उल्लेख किया है।[34] वासुदेवन के अनुसार आख्यानात्मक संरचना के तीन घटक हैं (1) रेखीय हिस्सा जो उसे गति तथा निरन्तरता प्रदान करता है। (2) आख्यान के भीतर मौजूद बिम्ब का जड़ावस्था में मंदिरें के स्थापित प्रतिमाओं की रखना तथा (3) आख्यान के भीतर मौजूद बिम्ब को झाँकी मंदिरों के अंदर देखी जाने वाली की तरह सजाना।[35] चूंकि उपरोक्त बिम्बों से भारतीय दर्शक सामान्यतः परिचित है इसलिए उन्हें सिनेमा को सांस्कृतिक रूप से ग्रहण करना सहज हो जाता है।

हिन्दी सिनेमा के पाठों की व्याख्या के लिए जिस विद्वान ने भारत के प्राचीन सिद्धांतकारों की रचनाओं का व्यापक प्रयोग किया है वह मुकुन्द लाठ हैं। भरत मुनि तथा हिन्दी फ़िल्म नामक आलेख में वह भरत तथा अभिनवगुप्त के सिद्धांतों के हवाले हिन्दी सिनेमा के दो महत्त्वपूर्ण पहलुओं को सम्बोधित करते हैं—नृत्य-गीतों की प्रधानता तथा भावातिरेक की अधिकता। लाठ का तर्क है कि हिन्दी सिनेमा में नृत्य गीत का प्रयोग कृत्रिम आरोपण न होकर उसकी प्रदर्शनीयता को बढ़ाता है। भरत के लोकधर्मिता और नाट्यधर्मिता के विचारों की ओर इशारा करते हुए लाठ लिखते हैं कि रंगकर्म की अनिवार्यता है मनुष्य जीवन के व्यवहार (लोकधर्म) को नाट्यधर्म में बदल देना। केवल नाट्यधर्म ही दर्शकों में वांछित प्रभाव उत्पन्न कर सकता है।[38] जिस प्रकार संगीत भावातिरेक नाट्यधर्म का अनिवार्य अंग है उसी प्रकार संगीत की विशिष्ट उपादेयता है। भरत के अनुसार उसे कथानक तथा आख्यान का प्रमुख हिस्सा होना चाहिए।[39] भरत ऐसे गीतों (ध्रुव गीतों) का उल्लेख करते हैं जिन्हें पात्रों के प्रवेश (प्रवेशिकी) तथा निकासी (निष्क्रामिकी) के समय गाया जाता था। इनके गायन से उपयुक्त भाव को प्रकट करना सहज हो जाता था—जैसे चिन्ता, विषाद, आवेग, संभ्रम, प्रसाद तथा शृंगार।[40] ध्रुव गीतों का उद्देश्य था दर्शकों को उनके अहंकार से मुक्ति दिलाकर चेतना के उत्कृष्टतम स्तर तक ले जाना।[41] भरत की तरह अभिनवगुप्त भी ध्रुव गीतों को दर्शकों को 'प्रस्तुति की नाटकीयता' से जोड़ने के लिए अनिवार्य बतलाते हैं।[42] इस प्रकार रंगकर्म में दो तरह के ध्रुव गीतों का प्रयोग किया गया—प्रासादिकी तथा आक्षेपिकी।[44] प्रासादिकी का उद्देश्य परिस्थितियों को सकारात्मक रूप से उभारना था जबकि आक्षेपिकी का लक्ष्य भाव की निरन्तरता को भंग करते हुए उसे अन्यत्र भाव में बदल देना।

हिन्दी सिनेमा बनाम बॉलीवुड के पठन और व्याख्या के लिए प्रस्तावित सिद्धांतों के सर्वेक्षण के बाद उनके सम्बन्ध में एक संक्षिप्त टिप्पणी करना जरूरी

हो जाता है। हिन्दी सिनेमा न तो भरत द्वारा उल्लेखित नाट्य परम्पराओं का आधुनिक तथा संवर्द्धित रूप है और न ही पाश्चात्य शैलियों की फूहड़ नकल। हिन्दी सिनेमा ने जहाँ एक ओर आकृतियों की केन्द्रीयता, प्रतीकात्मकता, प्रदर्शन की गीतात्मकता और भावातिरेक के ज़रिए उसे पूर्व आधुनिक कला रूपों से जोड़ा है तो दूसरी ओर हॉलीवुड शैली के रेखीय सम्पादन, शॉट रिवर्स शॉट, आई लाइन मैच, प्वाइंट ऑफ व्यू, एडिटिंग तथा यूरोपीय सिनेमा के नव यथार्थवादी बिम्ब विन्यासों से संवेदनयुक्त बनाया। बॉलीवुड कहलाये जाने के बाद उसके लिए और भी जरूरी हो गया है कि वह नृत्य गीत तथा भावातिरेक का ढाँचा बरकरार रखते हुए विश्व सिनेमा से लगातार कुछ न कुछ ग्रहण करता रहे। तभी वह लम्बे समय तक एक वैश्विक उत्पाद के रूप में बाज़ारों पर आसीन रह सकता है।

ऐसा प्रतीत होता है कि जिस प्रकार हिन्दी सिनेमा तकनीकी और सौन्दर्यशास्त्रीय संस्करण का परिणाम है उसी प्रकार उसके पठन और व्याख्या के लिए एकल पद्धति पर्याप्त नहीं है। मसलन 'हम आपके हैं कौन' अथवा 'दिल तो पागल है' या 'हम दिल दे चुके सनम' की कल्पना कीजिए। क्या वह प्राचीन रंगमंच के ध्रुव गीत परम्परा के अनुगामी हैं या वैश्वीकृत भारत की उदीयमान उपभोगतावादी संस्कृति के प्रतिनिधि। इसी प्रकार 'बंटी और बबली' तथा 'गुरू' के आइटम कहलाए जाने वाले गीत क्या नृत्य और शृंगारिकता के प्रतीक हैं अथवा नृत्यांगनाओं के जिस्म को टटोलती दर्शकों की नज़र के जो गीत पूरी होने तक उसे स्कोपोफीलिया से ग्रसित एक चंचल वायर में बदल देती है। पुनः क्या 'हम आपके हैं कौन', 'दिलवाले दुल्हनिया ले जाएंगे' तथा 'परदेस' को मनोरंजन प्रधान पारिवारिक फ़िल्म बतलाकर संतुष्ट हो जाना चाहिए अथवा उन्हें संयुक्त परिवारों में होने वाले विखण्डन के दस्तावेजों के रूप में देखना चाहिए? प्रत्येक फ़िल्म के लिए कौन सा सिद्धांत उपयुक्त होगा यह फ्रेम दर फ्रेम के अध्ययन के बाद ही सुनिश्चित किया जा सकता है। इसकी ताजा मिसाल माधव प्रसाद हैं जिन्होंने फ्रेडरिक जेमसन तथा स्लैवाय ज़िज़ेक की सौन्दर्यशास्त्रीय स्थापनाओं को मेट्ज़ के बिम्ब शास्त्र से जोड़ कर रोजा (1992) तथा दामिनी (1993) का पठन किया है।[45]

बात नई शताब्दी की नई चाक्षुष और सौन्दर्यशास्त्रीय अनुभूतियों से शुरू हुई थी। निस्संदेह, उदारीकरण और वैश्वीकरण ने बॉलीवुड के लिए प्रयोग के नये अवसर खोले हैं। ऐसे दौर में जब प्रत्यक्ष और प्रतीयमान के मध्य भेद होता जा रहा है। अत्याधुनिक उपकरण के आयात के साथ-साथ उसे विश्व सिनेमा की उत्कृष्ट कृतियों से संवेदनीकृत होने का मौका मिला है। भविष्य में बॉलीवुड फ़िल्मों के निर्माण में प्रवासी भारतीयों की भूमिका बढ़ती जाएगी। यह बात किसी से छिपी नहीं है साथ

ही जीवन के अनुभव, सिनेमा के आख्यान में बदलाव लाकर नये आगाज की ज़मीन तैयार करेंगे। किंतु वैश्विकता का तकाजा है कि बॉलीवुड को प्रवासी भारतीयों से परे सोचना होगा। इसका नतीजा हो सकता है एक नये प्रकार की साझेदारी। विश्व बाज़ार पर किसी भी उत्पाद के लिए एकाधिकार स्थापित करना मुश्किल होता जा रहा है। यह हॉलीवुड तथा बॉलीवुड दोनों बेहतर समझते हैं इसलिए वह साझा उत्पादन की दिशा में बढ़ने लगे हैं। वैश्वीकरण के दौर में क्या वह अलग-अलग बाज़ारों के लिए अलग-अलग उत्पाद बनाएँगे या समरूप चरित्र वाली फ़िल्में यह बड़ी चुनौती है। उक्त स्थिति में गीत, नृत्य तथा भावातिरेक प्रधान हिन्दी सिनेमा क्या ऊपरी पहचान खो बैठेगा, यह तो समय ही बतलाएगा। हो सकता है कि ऐसे समय में हिन्दी सिनेमा के पठन और व्याख्या के लिए हमें नये सूत्रों की तलाश करनी पड़े।

अध्याय दो

वैश्वीकरण/एशियाई और अफ़्रीकन सिनेमा

अफ्रीकन सिनेमा की शताब्दी पर निर्मित वृतचित्र

वैश्वीकरण/एशियाई और अफ्रीकन सिनेमा

वर्तमान हिन्दी सिनेमा अथवा बॉलीवुड को उसके ऐतिहासिक संदर्भ वैश्वीकरण से पृथक रखकर नहीं देखा जा सकता है। इसलिए वैश्वीकरण की मामूली सी पड़ताल जरूरी हो जाती है। विद्वानों में वैश्वीकरण की ऐतिहासिक उत्पत्ति को लेकर मतभेद है। कुछ का मानना है कि वैश्वीकरण कोई नवीन प्रक्रिया नहीं है। वह पिछले चार-पाँच सौ सालों से चल रही है। केवल उसके रूप-घटक बदल रहे हैं। आस्टर हैमल तथा पीटरसन इसे पाँच काल-खण्डों में बाँटते हैं। (1) मध्यकाल से 1750 तक (2) 1750 से 1880 तक (3) 1880 से 1945 तक (4) 1945 से 1970 के मध्य तक तथा (5) 1970 के मध्य से वर्तमान तक। चूँकि वर्तमान परिदृश्य को समझने के लिए बेहतर शब्द नहीं गढ़ा जा सका इसलिए वैश्वीकरण को अपना लिया गया।[1] शायद यही कारण है कि उसकी विशिष्टता को नकारते हुए बेक तथा गिडेन्स उसे 'दूसरी आधुनिकता' के नाम से पुकारते हैं।[2] उपरोक्त मतों को अस्वीकार करते हुए अर्थशास्त्री जगदीश भगवती प्रस्तावित करते हैं कि वर्तमान वैश्वीकरण पूर्व में चलने वाली मिलती-जुलती प्रक्रियाओं से चार मायनों में भिन्न हैं। प्रथम वैश्विक व्यापार बढ़ाने के लिए राष्ट्रीय सरकारें स्वयं प्रतिबंधों को घटा रही हैं। द्वितीय तकनीकी विस्फोट के कारण राष्ट्रीय सरकारें पूँजी तथा सेवाओं के परिचालन को रोकने में अक्षम हो गई हैं। तृतीय विश्व स्तर पर आर्थिक असुरक्षा की भावना चरमावस्था पर है। ऐसा पहले कभी महसूस नहीं किया गया था। तथा चतुर्थ वैश्वीकरण ने राष्ट्रों की पारस्परिक निर्भरता को इतना बढ़ा दिया है कि वह स्वतंत्र रूप से अपने-अपने नागरिकों के कल्याण के लिए नीतियाँ नहीं बना सकते हैं।[3]

निस्संदेह, बीसवीं शताब्दी के अंतिम दशक से वैश्वीकरण शब्द का चलन न

केवल बढ़ा है बल्कि उसके व्यापक प्रयोग ने लोगों में नई घबराहट उत्पन्न की है। कुछ इसे पूँजीवाद के आर्थिक वर्चस्व तथा कमजोर अर्थव्यवस्थाओं के पतन का कारण मानने लगे हैं। यही नहीं वैश्वीकरण को राष्ट्र-राज्यों के विघटन के लिए दोषी ठहराया जाने लगा। अन्य ने इसके सांस्कृतिक प्रभावों को विश्व की सभी लघु संस्कृतियों के अस्तित्व के लिए घातक बतलाया। उदाहरणस्वरूप 1995 में बेंजामिन बार्बर ने तर्क रखा कि वैश्वीकरण दो परस्पर विरोधी प्रवृत्तियों को जन्म देता है। प्रथम वह समूचे विश्व को उपभोग और लाभ से अभिप्रेरित बाज़ार (समरूप) में बदल देता है अर्थात् दुनिया का 'मैकवर्ल्ड' में तब्दील हो जाना है। दूसरी प्रवृत्ति नस्ल, धर्म तथा संप्रदाय के आधार पर राष्ट्रीय समुदायों को संकीर्णता तथा असहिष्णुता की ओर ले जाती है। इसे बार्बर ने विश्व का 'जेहादीकरण' बतलाया।[4] सैमअल हंडिन्गटन ने तो यहाँ तक कह डाला कि भविष्य में रक्तरंजित युद्धों का कारण सभ्यताओं के बीच होने वाली टकराहट होगा।[5]

इस अध्याय में वैश्वीकरण से मेरा तात्पर्य द्वितीय महायुद्ध के बाद संचार प्रौद्योगिकी बैंकिंग/व्यापार व्यवस्था तथा उत्पादन के क्षेत्रों में होने वाले आमूलचूल परिवर्तनों से उत्पन्न नई पूँजीवादी व्यवस्था से है जिसने राजनैतिक/वैचारिक प्रतिरोध के अभाव में (सोवियत रूस के पतन) राष्ट्रीय अर्थव्यवस्थाओं को एक दूसरे से जुड़ने या उन पर आश्रित होने के लिए मजबूर कर दिया। ज़ाहिर है वैश्वीकरण को गतिमान बनाने में बाज़ार की अहम भूमिका रही है। किंतु इस बाज़ार का चरित्र वैसा नहीं है जैसा वित्तीय पूँजीवाद के दौर में देखने को मिला। नई बाज़ार व्यवस्था का निर्माण सोवियत रूस के विघटन तथा एक ध्रुवीय विश्व की स्थापना के संदर्भ में हुआ। इतिहास के इस काल खण्ड में विश्व की पूँजी तथा संसाधनों पर बहुराष्ट्रीय कम्पनियाँ प्रभुत्व स्थापित करने लगीं। चूंकि उनका चरित्र बहुराष्ट्रीय था अतएव बाज़ारों का पुनर्क्षेत्रीयकरण होने लगा। 1990 के दशक में अंतर्राष्ट्रीय मुद्रा कोष, विश्व बैंक तथा संयुक्त राष्ट्र की विभिन्न एजेंसियों के तत्वावधान में कई संधिपत्र तैयार किए गये जिन पर न चाहते हुए भी कई देशों ने हस्ताक्षर किए। यह प्रक्रिया एक पक्षीय अवश्य थी किंतु अधिक दिनों तक निर्विरोध नहीं चल सकी। वैश्वीकरण की एक पक्षीयता के खिलाफ एकजुट प्रतिरोध और प्रदर्शन का स्वरूप भी वैश्विक होता जा रहा है। यही कारण है कि वैश्वीकरण को अच्छा या बुरा कहने से पहले उसके बहुस्तरीय तथा जटिल चरित्र को समझ लेना बेहतर होगा।[6]

वैश्वीकरण की चर्चा को पूँजी और व्यापार तक सीमित रखना अविवेकपूर्ण होगा। दरअसल वैश्वीकरण का सीधा सम्बोधन और संवाद उस विराट स्पेस से है जिसे संस्कृति के नाम से जाना जाता है। सांस्कृतिक उद्योगों द्वारा निर्मित उत्पादों

या अन्य संस्कृतियों पर पड़ने वाले प्रभाव की विस्तृत चर्चा सर्वप्रथम फ्रैंकफुर्त चिंतन पद्धति के संस्थापकों–थियोडोर अडोर्नो तथा मैक्स होर्कहाइमर के आलेख The Culture Industry में की गई।[7] बाद में उनकी स्थापनाओं को मीडिया साम्राज्यवाद के नाम से जाना गया।

फ़िल्म, रेडियो तथा पत्रिकाएँ ऐसी व्यवस्था को जन्म देती हैं जो संपूर्णता या खण्डित अवस्था में भी समरूप हैं.... सिनेमा और रेडियो को कला कहे जाने की जरूरत नहीं है..... वह स्वयं को उद्योग घोषित कर चुके हैं।[8]

उपरोक्त कथन से दो बातें स्पष्ट हो जाती हैं। प्रथम संस्कृति का क्षेत्र औद्योगिक पूँजीवाद द्वारा अधिकृत किया जा चुका है तथा द्वितीय सांस्कृतिक उत्पाद को कलाकृति नहीं कहा जा सकता है क्योंकि वह अन्य बाजारू उत्पाद का चरित्र ग्रहण कर चुका है। समरूप उत्पादों का उपभोग कैसे किया जाता है–इस बात का उद्घाटन आलेख के अगले हिस्से में किया गया है :

सारी दुनिया को सांस्कृतिक उद्योग की छलनी से गुजरना पड़ता है..... वास्तविक जीवन सिनेमा से अलग नहीं रहा। सवाक फ़िल्म रंगमंच के इंद्रजाल से आगे बढ़कर दर्शकों में स्वतःस्फूर्त कल्पनाशीलता के लिए जगह नहीं छोड़ती.... मास मीडिया द्वारा उपभोगताओं की कल्पनाशील शक्तियों के संकुचन की पड़ताल के लिए किसी मनोवैज्ञानिक विधि को जानना आवश्यक नहीं...... वह इस क्षति के लिए उत्पादों के वस्तुनिष्ठ चरित्र को दोषी ठहरा सकते हैं..... विशेषकर सवाक फ़िल्म को।[9]

लेख के शेष भाग में अडोर्नो तथा होर्कहाइमर ने सिनेमा तथा रेडियो उद्योग के मालिकान को मासूम उपभोक्ताओं के साथ धोखाधड़ी करने तथा मायावी जाल में फँसाने के लिए जिम्मेदार ठहराया है। गौरतलब है कि अडोर्नो तथा होर्कहाइमर का लेख 1940 के दशक में लिखा गया था। यदि वर्तमान यूरोप के संदर्भ में देखा जाए तो स्थितियों में विशेष परिवर्तन नहीं आया है। डेविड ससून के अनुसार यूरोप पर अमेरिका के राजनैतिक और सैन्य वर्चस्व का नतीजा यूरोपीय संस्कृति पर बढ़ते अमेरिकी प्रभाव के रूप में देखा जा सकता है। "यानि दूसरे लोग आपकी फ़िल्में देख रहे हैं। किताबें पढ़ रहे हैं, संगीत सुन रहे हैं, नाटक देखने जा रहे हैं, नकल कर रहे हैं जबकि आपके पास उनका कुछ भी नहीं है।"[10] अमेरिका के औद्योगिक जगत ने इस वर्चस्व को उत्पादन और वितरण के ज़रियों को नियन्त्रित कर हस्तगत किया है। एक सर्वेक्षण में पाया गया कि 1985-95 के मध्य 46 में से 24 देशों के 75-90 प्रतिशत सिनेमाघरों में केवल हॉलीवुड फ़िल्में ही दिखलाई जा रही थीं।[11] हालाँकि सर्वेक्षण में अफ़्रीका, एशिया तथा लैटिन अमेरिका के देशों को शामिल नहीं

किया गया फिर भी आँकड़े चौंका देने वाले हैं। ताजा जानकारी के अनुसार 2009 में यूरोप में हॉलीवुड फ़िल्मों से प्राप्त होने वाला राजस्व 841.30 करोड़ डॉलर था जबकि यूरोपीय सिनेमा से मिलने वाली कुल धनराशि केवल 385.90 करोड़ डॉलर रही।[12]

यूरोपीय सांस्कृतिक उद्योगों ने अमेरिकी वर्चस्व के चंगुल से बच निकलने के लिए जो कदम उठाये वह अधिक प्रभावी साबित नहीं हो सके हैं। गैट (GATT) समझौते के 46 साल बाद भी यूरोप सांस्कृतिक उत्पादों के विश्वव्यापी प्रसार को नियंत्रित रखता था। 1993 में यह अधिकार 107 देशों को प्राप्त हो गया। हॉलीवुड तथा यूरोपीय फ़िल्म उद्योगों के बीच नये संघर्ष की पृष्ठभूमि तैयार हुई। हॉलीवुड के लिए फ़िल्म महज़ व्यापारिक उत्पाद थी जबकि यूरोपीय फ़िल्म जगत उसे सांस्कृतिक धरोहर का प्रतीक मानता था।[13] हॉलीवुड के विनाशकारी प्रभाव से बचने के लिए यूरोपीय फ़िल्मकार विदेशी फ़िल्मों पर प्रतिबंध लगाने की माँग करने लगे। कुछ ने संरक्षणात्मक नीतियों की बात कही।[14] हॉलीवुड को ललकारने में फ्राँस की भूमिका अहम रही है। यूनेस्को के आँकड़ों के अनुसार विश्व में फ़िल्म उत्पादन की दृष्टि से फ्राँस का दर्जा पाँचवाँ है तथा यूरोप में पहला। फ्राँस को डर है कि हॉलीवुड के हमले से उसकी यूरोप में नहीं बल्कि समस्त विश्व में साख घट जाएगी।[15] बावजूद इसके हॉलीवुड फ्राँस की दो बड़ी केबल कम्पनियों (प्लस तथा चार्जर्स रिवनिस) के साथ समझौते कर चुका है। इसी प्रकार यूरोप के विशाल सुपर चैनल पर अमेरिकी टेलीविजन कम्पनी एन.बी.सी. का स्वामित्व स्थापित हो चुका है।[16]

अर्थशास्त्री भगवती के अनुसार राष्ट्रीय फ़िल्म उद्योगों के प्रति अपनाई गई संरक्षणात्मक नीतियाँ प्रायः सफल नहीं होतीं। इससे बेहतर वह स्थिति है जब राज्य फ़िल्म उद्योग को हर प्रकार की मदद पहुँचाये ताकि वह वैश्विक स्तर पर प्रतियोगिता कर सकें। फ्राँस तथा हॉलीवुड फ़िल्म उद्योगों के तुलनात्मक अध्ययन से वह इस नतीजे पर पहुँचे हैं कि संरक्षणवाद ने फ्राँस को अधिक नुकसान पहुँचाया है न कि लाभ। कोरियाई फ़िल्म उद्योग की मिसाल देते हुए वह लिखते हैं कि राज्य की सहायता के कारण ही वह हॉलीवुड की मार को सह सका।[17]

यूरोपीय फ़िल्म बाज़ार पर हॉलीवुड के वर्चस्व का इतिहास लगभग एक शताब्दी पुराना है लोपेज़ के अनुसार थॉमस एल्वा एडिसन की मोरान पिक्चर्स पेटेंट कम्पनी शुरू से ही एकाधिकार संस्था थी क्योंकि उसने यूरोप में कदम रखने से पहले ही फ्राँस की दो प्रमुख कम्पनियों—पाथे फेरस (Pathe Freres) तथा जार्जे मेलीज़ (Georges Meiles) की स्टार फ़िल्मस के साथ समझौते कर लिए थे।[18] पुन : प्रथम

अल्फ्रेड हिचकॉक

महायुद्ध के आरम्भ होने पर हॉलीवुड के यूरोपीय प्रतिद्वंद्वी शिथिल पड़ गये जिसके फलस्वरूप उसका यूरोपीय ही नहीं बल्कि अंतर्राष्ट्रीय बाज़ारों पर कब्जा सुनिश्चित हो गया। युद्धोपराँत अमेरिकी फ़िल्म कम्पनियों ने जर्मन फ़िल्म उद्योग पर निशाना साधा जो वित्तीय कठिनाइयों से गुजर रहा था।[19] अमेरिका की पैरामाऊंट तथा मेट्रो गोल्डविन मेयर (MGM) ने मौके का लाभ उठाकर यू.एफ.ए. को ऋण उपलब्ध कराने के साथ-साथ उसके द्वारा निर्मित 10 फ़िल्मों के प्रतिवर्ष विश्व बाज़ार में प्रदर्शन के अधिकार प्राप्त कर लिए। कालांतर में कई नामचीन जर्मन सिने कर्मी एफ.डब्ल्यू. मुर्नो माइकेल कर्टिज, कार्ल फ्रायड, एमिल जेनिंग्ज़, कानरैड वाइट, ग्रीटा गार्बो, एरिक पामर, कार्ल मायर, फ्रिट्ज लाँग बिली वाइल्डर, आटो प्रेमिन्गर इत्यादि जर्मनी से पलायन कर हॉलीवुड आ बसे।[20] लगभग इसी समय ऐल्फ्रेड हिचकॉक (ब्रिटेन), जाँ रेनवा (फ्राँस), पेदरो अरमेंदरीज (मैक्सिको) तथा अर्तुरोदा कोर्दोवा (मैक्सिको) ने हॉलीवुड की ओर रुख किया। अंतर्राष्ट्रीय प्रतिभाओं को पाने से

हॉलीवुड बेहद समृद्ध हो गया। इस बीच मोशन पिक्चर्स प्रोड्यूसर्ज एण्ड डिस्ट्रीब्यूटर्स ऑफ अमेरिका तथा मोशन पिक्चर एक्सपोर्ट असोसिएशन ऑफ अमेरिका की स्थापना से हॉलीवुड इतना शक्तिशाली हो उठा कि वह विदेशी सरकारों पर दबाव डालकर हॉलीवुड फिल्मों के लिए रियायतें प्राप्त करने लगा।[21]

हॉलीवुड ने विश्व बाज़ारों पर पकड़ बनाये रखने के लिए अमेरिकी फ़िल्मों के राष्ट्रीय चरित्र को छिपाकर ऐसे सिनेमा के रूप में स्थापित होने का प्रयास किया जिसकी भाषा और व्याकरण सार्वभौम प्रतीत हो।[22] किन्तु लोपेज़ का विचार है कि हॉलीवुड कम से कम लैटिन अमेरिका में सफल नहीं हो पाया। सब-टाइटल्स पढ़ने अथवा कृत्रिमता से डब किए गये संवादों को सुनने से दर्शकों की एकाग्रता भंग होने लगी। लैटिन अमेरिका में हॉलीवुड की वैश्विक सर्वोपरिता को अन्य रूपों में भी चुनौती मिली। मसलन मैक्सिको के फ़िल्मकारों ने हॉलीवुड निर्माण शैली से दूरी बनाते हुए यूरोपीय निर्देशकों की शैलियों का अनुकरण किया।[23] ब्राजील में हॉलीवुड की प्रमुखता को समाप्त करने के लिए वेराक्रूज स्टूडियों का शिलान्यास किया गया (1949)। इसी प्रकार क्यूबा तथा अर्जेन्टीना के फ़िल्मकारों ने हॉलीवुड शैली के नकार के साथ स्वदेशी प्रदर्शन कलाओं से प्रेरणा ग्रहण की।[24] अफ्रीका तथा एशिया में भी हॉलीवुड के अनुभव लगभग मिलते-जुलते रहे हैं।

जहाँ तक हॉलीवुड और अफ्रीका के अंतःसम्बन्धों का प्रश्न है अफ्रीका में यूरोप की तुलना में अमेरिकी फ़िल्मों की तुलना काफ़ी कम है। बावजूद इसके अमेरिकी वितरक महाद्वीप में हॉलीवुड सिनेमा को लोकप्रिय बनाने में कोई कसर नहीं छोड़ते। हॉल में किए गए एक सर्वेक्षण से ज्ञात होता है कि भाषाई अवरोध के बाद भी अफ्रीकन दर्शक हॉलीवुड की अच्छी तथा औसत फिल्मों के बीच भेद करना जानते हैं।[25] औपनिवेशिक काल में अफ्रीका-विषयक फ़िल्मों के निर्माण की पहल यूरोपीय फ़िल्मकारों द्वारा की गई। पहले एथनोग्राफिक तथा डाक्यूमेंट्री फ़िल्मों तथा बाद में फीचर फ़िल्मों का निर्माण किया गया। अफ्रीकन, स्टीरियोटाइप्स को निरूपित करने वाली ब्रिटिश तथा फ्रेंच फ़िल्मों में द रोज़ ऑफ रोडेशिया (1919), टार्जन ऑफ दा एप्स (1918), अफ्रीकन क्वीन (1957), 'ल अफ्रीका सु शान' विशेष रूप से उल्लेखनीय हैं।

प्रारम्भ में अफ्रीका की फ्रांसिसी बस्तियों में फ़िल्म निर्माण प्रतिबंधित था, बाद में अफ्रीका में फ्रेंच भाषा में सबसे अधिक फ़िल्में बनाई जाने लगीं। उस्मान सेम्बेने (सेनेगल) पहले अफ्रीकी फ़िल्मकार हैं जिनकी फ़िल्म ब्लैक गर्ल (1966) को अंतर्राष्ट्रीय ख्याति मिली। 1967 में स्थापित अफ्रीकी फ़िल्मकार संघ ने युवा फ़िल्मकारों की हौसला अफ़ज़ाई के साथ निर्माण तथा वितरण के क्षेत्रों में सहयोग देकर समस्त महाद्वीप में फ़िल्मों के उत्पादन के लिए अनुकूल माहौल तैयार किया।

पिछले चार दशकों में सुलेमानसिसी की येलीन (माली, 1987), चेइक ओमार सिसोकी की गुइम्बा (माली, 1995), जाँ पियर बेकालो की क्वारतिए मोत्जार्त (कैमरून, 1997) तथा टेरी जार्ज की होटल रवाँडा (2004) उपनिवेशवाद तथा नव-उपनिवेशवाद की तीखी आलोचना के लिए चर्चित रही हैं।[26]

फिर भी अफ्रीका के फ़िल्म उद्योग की दशा काफ़ी खस्ता हॉल है। विदेशी कम्पनियों के दबाव के कारण सिनेमाघरों में अधिकतर हॉलीवुड, यूरोपीय तथा भारतीय सिनेमा दिखलाया जाता है। अफ्रीकन फ़िल्मों के कद्रदानों को प्रायः उगादोग, बुर्कीनो मासो तथा न्यूयार्क, एडिनबरा और लंदन में आयोजित अफ्रीकन फ़िल्म महोत्सवों में शिरकत करनी पड़ती है। महाद्वीप के फ़िल्म-उद्योग के विकास के समक्ष सबसे बड़ी बाधा है अफ्रीकी फ़िल्मों का ग़ैर-व्यावसायिक चरित्र, जबकि हॉलीवुड तथा बॉलीवुड की फ़िल्में पूरी तरह से व्यावसायिक हैं। अफ्रीकी निर्देशक सामान्यतः उपनिवेशवाद तथा नव उपनिवेशवाद से जुड़ी कहानियों को फ़िल्मों के ज़रिए प्रस्तुत करना चाहते हैं। फ़िल्म विशेषज्ञ मंथिया दायवारा लिखती हैं कि ऐसी अफ्रीकी फ़िल्म जिसका निर्माण, निर्देशन, सिनेमैटोग्राफी तथा सम्पादन अफ्रीका में हुआ हो तथा जिसके पात्र तथा कहानियाँ मूलतः अफ्रीकी हों मौजूद ही नहीं है।[27]

2006 में विख्यात अफ्रीकी लेखक बिन्यावान्गा वायनायना ने 'हाव टू राइट अबाउट अफ्रीका' नामक आलेख में लिखा के पश्चिमी लेखक अफ्रीका को "सड़े नग्न मृतजिस्मों" वाला महाद्वीप के रूप में चिन्हित करते हैं।[28] उनके लिए आज भी अफ्रीका एक अंध महाद्वीप है जिसे जंगली जीव-जंतुओं, बर्बर आदिवासियों तथा निर्धनता के ज़रिए पहचाना जा सकता है। यदि हॉलीवुड की हॉल की दो फ़िल्मों पर नज़र डालें तो स्पष्ट हो जाएगा कि वायनायना का कथन सिनेमा के लिए भी उतना ही सटीक है। 2001 में निर्मित ब्लैक हॉक में सोमालिया का चित्रण ऐसे देश के रूप में किया गया है जो हिंसा और रक्तपात के कारण विखण्डन के कगार तक पहुँच चुका है। ज़ाहिर है संकेत 1993 की उस वास्तविक घटना की ओर है जिसमें अमरीकी फौज को सोमालिया से अचानक बुला लिया गया था। उस समय अमेरिकी सरकार का मानना था कि सोमालिया को हिंसा तथा अराजकता से बचाना अमेरिका के हित में नहीं था। अन्य फ़िल्म 'टियर्स ऑफ द सन' (अंताथने फुकुआ 2003) है जिसमें अमेरिकी नौसेनिक (ब्रसविलिस) को इतालवी डाक्टर की खोज के लिए नाइजीरिया के जंगलों में भेजा जाता है जहाँ वह नग्न लाशों को देख कर द्रवित हो जाता है। अमेरिकी नायक की शौर्य गाथाएँ जान बरमैन इन माय कंट्री (2005), द इण्टर प्रेटर (2005 सिडनी पोलाक) तथा द कॉस्टेंट गार्डनर (2005 फर्नेन्डो मायरिलीस) में दोहराई गई। अपवाद स्वरूप फ़िल्मों में होटल रवाँडा (2004) का नाम लिया जा

सकता है। फ़िल्म का अश्वेत नायक अपने ही देश (रवाँडा) में होने वाले नरसंहार की कहानी अपनी नज़र से बयान करता है। फ़िल्म की सबसे महत्त्वपूर्ण बात यह है कि उसमें दहशत और हिंसा में फँसे स्थानीय लोगों को विवेकशील और जिम्मेदार समुदायों की तरह प्रस्तुत किया गया है।

यदि हॉलीवुड तथा अफ्रीकी निर्देशकों की दृष्टियों में फर्क देखना हो तो हॉल की दो फ़िल्मों की संक्षिप्त तुलना करना जरूरी हो जाता है। दोनों फ़िल्मों की विषय-वस्तु हीरों की खुदाई से उत्पन्न होने वाला गृह-युद्ध है। ब्लड डायमंड (2006) के निर्देशक कई पुरस्कारों से नवाजे एडवर्ड ज़्विक हैं। फ़िल्म हिंसा और अराजकता के दृश्यों से परिपूर्ण है। उसे देखने के बाद ऐसा लगता है जैसे विनाश ही सियरा लिओन की नियति हो। जबकि एजरा (2007) के निर्देशक नाइजीरियाई मूल के न्यूटन आई. अडुआका हैं। वह गृहयुद्ध की पृष्ठभूमि में बनी फ़िल्म में मानवीय संवेदनाओं और सौहार्द से परिपूर्ण दृश्यों को दिखाने में नहीं चूकते हैं। निस्संदेह अफ्रीका को केंद्रित कर फ़िल्म बनाना एक राजनैतिक कर्म है। अफ्रीकी फ़िल्मकार फ़िल्मों की बहुदेशीय भूमिका के प्रति सजग हैं। समूचा महाद्वीप एक विशाल चाक्षुष स्पेस है। कई बरस पहले उसे सुसंस्कृत बनाने की आड़ में श्वेत आक्रमणकारियों ने तहस-नहस कर दिया था। डर है कि उसकी चाक्षुषता का दोहन करने में पश्चिमी देशों में कहीं फिर होड़ न लग जाए।[29]

यदि एशियाई सिनेमा पर दृष्टि डाली जाए तो परिदृश्य अफ्रीका से पूर्णतया भिन्न है। वर्तमान में भारत के मलावा, इंडोनेशिया, चीन, जापान, कोरिया, फिलीपीन्स तथा ईरान में सिनेमा का निर्माण बड़े पैमाने पर किया जा रहा है। सामान्यीकरण का जोखिम उठाते हुए भी यह कहा जा सकता है जहाँ भारत, फिलीपीन्स तथा कोरिया के फ़िल्म उद्योगों ने हॉलीवुड के खतरे से निपटने के लिए संकरण तैयार किए, वहीं चीन, जापान तथा ईरान की फ़िल्मों में इस प्रकार की प्रवृत्ति न्यूनतम दिखलाई पड़ती है। 1993 में गैट वार्ताओं में यूरोपीय संघ को महाद्वीप के सिनेमा को बचाने में जो सफलता मिली थी वह विलंब से आई। वस्तुतः इस समय तक समूचे यूरोप पर हॉलीवुड की पकड़ इस कदर मजबूत हो गई थी कि राष्ट्रीय सिनेमा प्रायः मृतप्राय हो चला था।[30] एशिया के कई राष्ट्रीय सिनेमा हॉलीवुड के हमलों से अभी बचे हुए हैं। इसका एक तरीका पारंपरिक या ऐसी फ़िल्में बनाना जिन्हें हॉलीवुड नहीं बना सकता है।[31] भारत का नृत्य गीत सिनेमा इसकी अच्छी मिसाल है।

फ़िल्मों के जरिये राजनैतिक बयान चीन देश में वर्जित है। खास तौर पर थियेनमान चौक की घटना (1989) के बाद फिर भी चीनी फ़िल्मकार सामाजिक जीवन को लक्षित करते हुए फ़िल्में बना रहे हैं। कुछ फ़िल्मों को अंतर्राष्ट्रीय ख्याति

जॉन वू

भी मिली है। इनमें जायो शुआई की दाग चुन दे रीजी (1992), वू दी की हुआँगजिन यू (1992), कुइ जियान जाँग की बैजिंग जाजोंग (1993), जी फे की जियाँगधुन्न (1993) तथा चेन कायगे की बवाँग बीजे। फिर भी बीसवीं शताब्दी के समाप्त होने तक हॉलीवुड के मुकाबले में चीनी सिनेमा को 'बौना' कहा जा सकता है। किंतु हॉल में दो निर्देशकों ने चीनी फ़िल्म के इतिहास को बदलने में अभूतपूर्व सफलता हासिल की है। फेंग जियाओगाँग की फ़िल्म फेईपिंग वू राओ 2008, पहली चीनी फ़िल्म है जिसने टॉयटैनिक से अधिक राजस्व अर्जित किया। इसी प्रकार जान वू की फ़िल्म वी.बी. को विश्व में सबसे अधिक कारोबार करने वाली फ़िल्मों में 43वाँ स्थान प्राप्त हुआ। जान वू के अनुसार हॉलीवुड का खतरा गंभीर है। चीन को ऐसी फ़िल्में बनानी पड़ेंगी जिनकी विषय-वस्तु स्थानीय हो लेकिन निर्माण तथा रूप की गुणवत्ता हॉलीवुड फ़िल्मों से कम न हो। फेंग का मानना है कि यह कार्य मुश्किल है किंतु असम्भव नहीं क्योंकि संयोग से चीनी फ़िल्मों के दर्शक निर्देशकों के प्रति आस्थावान हैं न कि सितारों के प्रति।[32]

जापानी फ़िल्म विशेषज्ञ साटो टाडाओ लिखते हैं कि वर्तमान जापानी सिनेमा पूँजी की कमी के कारण लड़खड़ा रहा है किंतु प्रयोग की दृष्टि से उसकी स्थिति बेहतर है।[33] वस्तुतः 1960 के दशक से ही बड़े स्टूडियो की आर्थिक दशा बिगड़ने

लगी थी। अस्सी के दशक तक कई बंद किए जा चुके थे। अब जापान में ऐसी फ़िल्म बनना प्रायः बंद हो गई हैं, जो सभी उम्र, वर्ग तथा जेण्डर के दर्शकों का मनोरंजन कर सकें।[34] यामादा योजी की पीरियड (इतिहास-विषयक) फ़िल्मों से कुछ उम्मीद बँधी है उदाहरणस्वरूप साओगारे सेईबई (2002), काकुशी केन ओनी नो सुमे (2004) तथा बुशी ने इचीबुन (2006) उस स्वर्णिक काल की याद दिलाती हैं जब अकीरा कुरूसावा, मीजोगुची ओजू, नारूसे तथा कोज़ाबूरो योशीमुरा की फ़िल्मों ने विश्व को जापान की दृश्य-श्रव्य प्रतिभा का जबर्दस्त परिचय कराया था। किंतु खतरे के बादल अभी मँडरा रहे हैं। हॉलीवुड की कुदृष्टि जापानी फ़िल्म उद्योग पर पड़ चुकी है। भारत की तरह टोकियो में कई हॉलीवुड फ़िल्म कम्पनियाँ सकारात्मक दस्तक देने लगी हैं।

वैश्वीकरण के चलते दक्षिण कोरियाई सिनेमा में कई परिवर्तन परिलक्षित हुए। सिनेमा की तकनीकी तथा सौंदर्यशास्त्रीय गुणवत्ता को बढ़ाकर फ़िल्मकारों ने उन दर्शकों को दोबारा आकर्षित किया है जो हॉलीवुड की फ़िल्मों के मुरीद हो चुके थे।[34] दूसरी ओर वैश्विक दर्शकों ने भी कोरियाई फ़िल्मों के प्रति दिलचस्पी बढ़ाई है। उपलब्ध आँकड़ों के अनुसार 1995 में फ़िल्मों के निर्यात से प्राप्त होने वाला राजस्व केवल 2.1 लाख डॉलर या जबकि 2001 में यह बढ़कर 1.13 करोड़ डॉलर हो गया।[35] शिव के अनुसार यदि कोरियाई सरकार ने विदेशी सिनेमा के लिए द्वार न खोले होते (सेग्ये हवा) तो उसके फ़िल्म उद्योग का अवसान हो चुका होता।[36] वस्तुतः नया कोरियाई सिनेमा संकरण की उत्तम मिसाल है। निर्देशक स्थानीय संवेदनाओं का ख़्याल रखते हुए ऐसे उत्पाद का निर्माण करते हैं जो विश्व बाज़ार में हॉलीवुड की टक्कर ले सके। कोरिया के नये सिनेमा के प्रतिनिधि ना हाँग जिन, किम डाँग-वान, जाँग लू, कि कि डुक, ली-यून की, पार्क चान वुक, इम क्वान टेइक तथा हाँग सैन्ग सू इत्यादि हैं। भारत और कोरिया की भाँति भी फिलीपीन्स तथा इंडोनेशिया में हॉलीवुड के हमले से उबरने के लिए स्थानीय निर्देशकों ने संकरित फ़िल्मों का निर्माण आरम्भ किया है जिनकी अंतर्वस्तु स्थानीय है किंतु बाह्य रूप हॉलीवुड जैसा।

समस्त एशिया में यदि किसी एक राष्ट्र को हॉलीवुड के मॉडल के अनुकरण की अथवा संस्करण तैयार करने की आवश्यकता नहीं पड़ी तो वह ईरान है। कम से कम उत्तर-क्रांतिकालीन (1979) सिनेमा पर यह बात पूरी तरह लागू होती है। 1975 से इस्लामी सरकार ने तुर्की, भारतीय तथा जापान की औसत दर्जे की फ़िल्मों पर प्रतिबंध लागू किये। शुद्धिकरण की नीति के अंतर्गत उन्हीं यूरोपीय तथा हॉलीवुड की फ़िल्मों का आयात किया गया जो वैचारिक रूप से अनुकूल थीं। संस्कृति तथा इस्लामी मार्गदर्शन मंत्रालय एवं फराबी सिनेमा न्यास की देखरेख में ईरान में सिनेमा

निर्माण के एक नये दौर का आरंभ हुआ जिसने वैश्विक स्तर पर ईरानी फ़िल्मों को विशिष्ट पहचान दिलाई। विगत वर्षों में अंतर्राष्ट्रीय फ़िल्म महोत्सवों में जिन निर्देशकों को पुस्कृत किया जाता रहा है उनमें दारियुञ्ज मेहरजुई, मोहसिन मखमलबाफ, अब्बास कियरो स्तोमी, समीरा मखमल बाफ, बानी एतमद तथा माजिद मजीदी प्रमुख हैं। ईरानी फ़िल्मकार कठोर प्रतिबंधों के दायरे में रहते हुए फ़िल्मों का निर्माण करते हैं। स्त्री पात्र के मामले में उन्हें अधिक संवेदनशील रहना पड़ता है। डायजेटिक स्पेस के अंदर पुरुष स्त्रियों का स्पर्श नहीं कर सकते हैं और न ही नज़रें मिला सकते हैं। इसी प्रकार उलेमाओं तथा सैनिकों का उपहास उड़ाने पर भी सख़्त मनाही है। फिर भी फ़िल्मकार पितृसत्ता तथा अन्य अन्यायपूर्ण संरचनाओं पर हमला करने से नहीं चूकते। उनकी सर्जना इसी बात में है कि वह साँकेतिक भाषा में किस प्रकार ईरानी समाज में विद्यमान अन्याय और ढोंग का पर्दाफाश कर देते हैं। यह कार्य उन्हें कम बजट में नौसिखिये अभिनेताओं की मदद से करना पड़ता है, साथ ही उन्हें राज्य की गिद्ध दृष्टि के प्रति भी सचेत रहना पड़ता है।[37] इस प्रकार देखा जाए तो ईरानी सिनेमा को वैश्वीकरण और हॉलीवुडीकरण के दोहरे हमले से सुरक्षित रखने में 1979 की इस्लामी क्रांति की प्रमुख भूमिका रही है।

ब्रिटिश समाचार एजेंसी रायटर्स के अनुसार वैश्वीकृत भारत के निडर अभिनेताओं तथा अभिनेत्रियों ने सतर्कता त्याग कर वेश्याओं, व्यभिचारियों तथा रंगरलियाँ मनाते युवाओं के किरदारों को निभाना शुरू कर दिया है।[38] यह ऐसी भूमिकाएँ हैं जिनसे बॉलीवुड परम्परागत रूप से कतराता रहा है। मसलन 2007 में बनी जिस्म की नायिका (बिपासा बसु) अपने प्रेमी के सहयोग से पति की हत्या की योजना बनाती है। यह फ़िल्म बॉक्स ऑफिस पर सफल रही क्योंकि नायिका ने जिस्म प्रदर्शन का कोई अवसर नहीं छोड़ा। 2004 में प्रदर्शित जूली की नायिका (नेहा धूपिया) का किरदार उस परित्यक्ता का है जिसे मजबूरी में वेश्या बनना पड़ा, फ़िल्म की अप्रत्याशित सफलता के लिए वह दृश्य जिम्मेदार थे जो नायिका के लैंगिक जीवन से जुड़े थे। गर्ल फ्रेण्ड (2004) स्त्रियों में बढ़ते समलैंगिक सम्बन्धों पर प्रकाश डालती है। ज़ाहिर है फ़िल्म ने संतोषजनक कारोबार किया। ख्वाहिश (2007) में 17 चुम्बनों को फ़िल्माया गया। इसी प्रकार उप्स (2003) पुरुष वेश्याओं को चिन्हित करने वाली फ़िल्म है। शिव विश्वनाथन का अनुमान है कि यह उसी वैश्वीकरण का नतीजा है जिससे भारत ने 1991 में जुड़ कर देश को तमाम बहुराष्ट्रीय कम्पनियों तथा उपग्रह टेलीविजन चैनल्स के लिए खोल दिया था।[39] हॉलीवुड से निपटने की अन्य तरकीब है सफल फ़िल्मों के बॉलीवुड संस्करण तैयार करना। 1995-2006 के मध्य निर्मित कुछ बॉलीवुड संस्करणों की सूची परिशिष्ट में प्रस्तुत की जा रही है।[40]

यह अध्याय वैश्वीकरण के सांस्कृतिक चरित्र के विश्लेषण से आरम्भ हुआ था। फ्रैंकफुर्त सिद्धांतकारों की अवधारणाओं का सबसे बड़ा दोष यह है कि वह प्रेषक संस्कृति की सत्ता को सक्रिय तथा प्राप्त करने वाली संस्कृतियों को निष्क्रिय मान लेती है। बेशक सांस्कृतिक साम्राज्यवाद कटु यथार्थ है किंतु अलग-अलग संस्कृतियों पर उसके प्रभाव की बारीकियों का अध्ययन करना होगा। वैश्विक स्तर पर उत्तरोत्तर रूप से, एक समय ऐसा भी आ सकता है जब प्रेषक तथा प्रापक संस्कृतियों के बीच विभाजनरेखा अत्यंत धूमिल हो जाए। प्रापक संस्कृतियों का समर्पण भाव स्वयं को पुनर्निर्मित करने की तलाश में बदल जाए। अप्पादुरई ठीक ही लिखते हैं कि वर्तमान में वैश्विक अंतःक्रिया का नतीजा है सांस्कृतिक समरूपीकरण तथा सांस्कृतिक विभेदीकरण के बीच बढ़ता खिंचाव।[41] वर्तमान में विश्व के कई हिस्सों में संकरीकरण तथा वैस्थानिकीकरण (Glocalization) की प्रवृत्तियाँ सबल होते दिखलाई दे रही हैं। वास्तव में नई वैश्विक संस्कृति, जिसे सांस्कृतिक अर्थव्यवस्था भी कहा जाने लगा है। एक जटिल, बहुस्तरीय, असंयुक्त और वैकल्पिक परिदृश्य है तथा जिसे समझने के लिए मौजूदा अवधारणायें और सिद्धांत नाकाफ़ी हैं। यदि एक क्षण मान भी लिया जाए कि वैश्वीकरण, एक केंद्र से विश्व संस्कृति को समरूप बनाने की योजना है तो ऐसा क्यों है कि वह छिपाने की जगह प्रापक संस्कृतियों को अपने उद्देश्य की जानकारी देता चलता है[42]। यदि फ़िल्म जगत के संदर्भ में देखा जाए तो जिस प्रकार हॉलीवुड ने देशज संस्करण तथा वैस्थानिकीकरण की प्रवृत्तियाँ उत्पन्न कीं ठीक वैसा ही बॉलीवुड के क्षेत्रीय (बाँग्ला, तेलुगु, मराठी, तमिल) तथा दक्षिण एशियाई सिनेमा (पाकिस्तान, श्रीलंका, बाँग्ला देश) के अंतःसंवाद से देखा जा सकता है। हो सकता है कि एक समय ऐसा आ जाए जब यह तय करना मुश्किल हो जाए कि बॉलीवुड प्रेक्षक संस्कृति का प्रतीक है या प्रेषक का अथवा दोनों का।

अध्याय तीन

बॉलीवुड : अनेकानेक पाठ/ अर्थ अनेकानेक

आदित्य चोपड़ा

यश चोपड़ा

करन जौहर

बॉलीवुड : अनेकानेक पाठ/ अर्थ अनेकानेक

हालाँकि इस शब्द के प्रयोग को लेकर कई लोगों को एतराज़ है, फिर भी बॉलीवुड के रूप में हिन्दी सिनेमा को पहचानने तथा समझने का चलन बढ़ रहा है। भारत के अलग-अलग भाषाई प्रदेशों में बनने वाली फ़िल्मों का एक महत्त्वपूर्ण हिस्सा उन फ़िल्मों का है, जो बॉलीवुड की श्रेणी में रखी जा सकती हैं तो आख़िर बॉलीवुड है क्या बला? बॉलीवुड का तात्पर्य केवल उस फ़िल्म से नहीं है जिसका निर्माण मुम्बई में हुआ हो तथा जिसके संवाद हिन्दी/हिन्दुस्तानी में लिखे गये हों बल्कि यह एक सिनेमाई रूप (Form) तथा शैली है जिसमें भारत ही नहीं पूरे विश्व के दर्शक परिचित हैं। यही वह शैली है जिसे छोटी तादाद में ही सही किन्तु अन्य भारतीय भाषाओं में फ़िल्में बनाने वाले दर्शक अनुकरणीय मानते हैं। साथ ही यह कहना अतिशयोक्ति नहीं होगी कि विदेशों में बसे भारतीय मूल के निर्देशकों का इस शैली के प्रति रूझान बढ़ रहा है। वर्तमान में बॉलीवुड दक्षिण एशियाई प्रवासी समुदायों (Diaspora) के अलावा उन दर्शकों के बीच कौतूहल और चर्चा का विषय बनता जा रहा है, जो केवल हॉलीवुड तथा यूरोपीय फ़िल्मों को देखने के आदी थे। किन्तु यह कहना कि बॉलीवुड इन गैर-पारंपरिक दर्शकों के दरमियान पहुँच कर हॉलीवुड अथवा यूरोपीय सिनेमा के लिए चुनौती बनता जा रहा है, उतावलापन होगा।

बॉलीवुड का अर्थ और प्रयोग केवल मौजूदा हिन्दी सिनेमा तक सीमित नहीं रह गया है बल्कि उससे जुड़े कई उत्पादों के उपभोग के संदर्भ में किया जाता है। मसलन राष्ट्रीय और अंतर्राष्ट्रीय बाज़ारों में बिकने वाली भारतीय फ़िल्म पत्रिकाओं (स्टार डस्ट, सिने ब्लिट्ज़, मूवी, फ़िल्म फेयर आदि), फ़िल्म संगीत (डीवीडी तथा डाउन लोड किया गया संस्करण), वर्ल्ड वाइड वेब पर दिखलाई पड़ने वाले इलेक्ट्रॉनिक पृष्ठ जिनमें बॉलीवुड सम्बन्धित पर्याप्त जानकारी सुरक्षित है। इसके अलावा फ़िल्मी सितारों, संगीतकारों तथा गायक/गायिकाओं के प्रदर्शनों से भरे मनोरंजन कार्यक्रम

तथा विदेशों में आयोजित भारतीय सिनेमा पुरस्कार (आइफा) इत्यादि भी उसका एक हिस्सा है। 2003 से प्रतिष्ठित कान अन्तर्राष्ट्रीय फ़िल्म समारोह में भारत नियमित रूप से उपस्थित रहने लगा है। इसकी शुरुआत 2003 में ऐश्वर्या राय को बतौर जूरी सदस्य मनोनीत कर तथा संजय लीला भंसाली की फ़िल्म 'देवदास' के प्रदर्शन से हुई। साथ ही जिन देशों में भारतीय मूल के लोग अधिक बसे हैं वहाँ दक्षिण एशियाई रेडियो स्टेशनों के जरिये बॉलीवुड संगीत का प्रसारण निरंतर बढ़ रहा है।

ब्रिटेन के कई शहरों (लंदन, बर्मिंघम, मैनचेस्टर, लीड्स) में दक्षिण एशियाई मूल के लोगों की संख्या अपेक्षाकृत अधिक है। इनमें भारतीय के अलावा पाकिस्तान, बाँग्लादेश, श्रीलंका तथा नेपाली मूल के कई परिवार हैं। ऐतिहासिक रूप से देखा जाए तो इन सबका अतीत जुड़े होने के बावजूद वर्तमान एक-दूसरे से भिन्न रहा है। भारत और पाकिस्तान के दरम्यान तो पारस्परिक कलह के कई कारण हैं। फिर भी बॉलीवुड उन्हें जोड़ने वाली कड़ी का काम करता है।[2] राजेन्द्र दुदरह ने न्यूयार्क के मैनेहैटन मोहल्ले के समाजशास्त्रीय अध्ययन के बाद पाया कि वहाँ के सिनेमाघरों में अन्य मोहल्लों तथा निकटवर्ती शहरों से दक्षिण एशियाई मूल के लोग बॉलीवुड फ़िल्मों को देखने के लिए एकत्रित होते हैं। वहाँ बॉलीवुड, अपनी जन्म स्थली और संदर्भ बिन्दुओं से हज़ारों मील दूर नई महानगरीय तथा कॉरपोरेट आकर्षणों और कामनाओं के बीच पुर्नअवतरित होता है।[3] इसी प्रकार दक्षिण अफ्रीका के डरबन शहर में 1958 से हिन्दी और तमिल सिनेमा लगातार दिखलाया जा रहा है। दर्शक भारतीय या पाकिस्तानी मूल के हैं। किन्तु आज़ादी मिलने के पहले अश्वेत अफ्रीकी लोगों को सिनेमाघरों में प्रवेश की अनुमति नहीं थी अतएव वह बॉलीवुड का आनंद उठाने से वंचित रह गये।[4] भारतीय मूल के फीजी द्वीप में जन्मे फ़िल्म विशेषज्ञ विजय मिश्र ने अधिकांश हिन्दी फ़िल्में नौसोरी के एम्पायर तथा रिजेंट सिनेमाघरों में देखीं। परिवार तथा मित्रों के साथ इन्हें देखने का अर्थ था भारत से जुड़े रहने का महत्त्वपूर्ण ज़रिया।[5] हिन्दी सिनेमा के साथ लगभग समान सम्बन्ध मॉरीशस तथा सूरीनाम में रहने वाले दक्षिण एशियाई परिवारों में भी रहे हैं। यह अलग बात है कि वर्तमान बॉलीवुड उन्हें जिस भारत से जोड़ता है वह महज परिकल्पित मातृभूमि (Imagined Homeland) है जिसमें वापस लौटना असम्भव है।

बॉलीवुड के बारे में आम धारणा है कि वह गैर-यथार्थवादी, भावात्मक, मिथकीय तथा सूत्रबद्ध सिनेमा का उदाहरण है। यदि हम एक क्षण के लिए मान भी लें कि बॉलीवुड के सम्बन्ध में उपरोक्त सम्बोधन सही हैं तो हमें यह भी स्वीकार करना पड़ेगा कि कहीं न कहीं ऐसा आदर्श सिनेमा भी है अथवा हो सकता है जो यथार्थवादी ग़ैर-भावात्मक, ग़ैर-मिथकीय और सूत्र-विरोधी हो। ज़ाहिर है और चीजों

की तरह सिनेमा में भी कलात्मकता के मापदंड आँग्ल-यूरोपीय जगत द्वारा ही तय किये जाते हैं। शायद पश्चिमी अध्येताओं को यह सहज नहीं लगता है कि जनतंत्र, शिक्षा, विज्ञान तथा विकास के मॉडलों की भाँति भारत की जनप्रिय संस्कृति (Popular Culture) ने उसकी नकल क्यों नहीं की। दूसरे शब्दों में बॉलीवुड क्यों यथार्थवादी और कलात्मक कही जाने वाली प्रवृत्तियों से न केवल दूरी बना कर रहता है बल्कि अपनी भावातिरेकता और समरूपता का निर्लज्जता के साथ प्रदर्शन करता है।

एक सीमित अर्थ में ही सही बॉलीवुड के तेवर उस आंग्ल-यूरोपीय आधुनिकता का नकार है जो अपने रेखीय दिशा और चरित्र हमें प्रदान करना चाहती है।

'बॉलीवुड' शब्द का चलन कब शुरू हुआ यह निर्धारित कर पाना अत्यन्त कठिन है। इस संदर्भ में फ़िल्म विशेषज्ञ माधव प्रसाद कुछ जरूरी सवाल उठाते हैं।

1. क्या हम मान लें कि चूँकि सिनेमा स्वभाव से ही नकलची होता है। इसलिए बॉलीवुड, हॉलीवुड से ही व्युत्पन्न (derive) हुआ?

2. यदि बॉलीवुड, हॉलीवुड से व्युत्पन्न नहीं हुआ तो वह विश्व के वर्चस्व स्थापित कर चुके हॉलीवुड से किस मायने में भिन्न है?

3. क्या यह भारतीय सिनेमा का जता देने का तरीका है कि वैश्विक वर्चस्व के माहौल में वह अपनी पहचान बरकरार रख सकता है।[6] दरअसल, माधव प्रसाद ने बुनियादी प्रश्न उठाये हैं लेकिन संतोषजनक जवाब देने में असमर्थ रहे हैं। प्रसाद केवल इतना कहते हैं कि बॉलीवुड की विशिष्टता इस बात में है कि वह ऐसे अद्भुत चिन्हकर्ता (Signifier) का दर्जा हासिल कर चुका जो भारतीय सिनेमा के नाम से चिन्हित किसी फ़िल्म संग्रह के लिए प्रयुक्त किया जा सकता है। किन्तु यह साबित कर पाना कठिन है कि हिन्दी सिनेमा का नया नामकरण भारतीय समाज और संस्कृति में होने वाले स्थल परिवर्तनों का प्रतीक है।[7] प्रसाद अपने विवरण में एक महत्त्वपूर्ण पक्ष की ओर इशारा करना भूल जाते हैं। बॉलीवुड न तो कमजोर निर्मिति का सिनेमा है और न ही हॉलीवुड से व्युत्पन्न। उसकी विशिष्टता इस बात में है कि वह बड़ी चतुराई से वर्गीकरण के सभी प्रयासों से बचता है और हॉलीवुड की वैश्विक वर्चस्वता के बाद भी उसे मुँह चिढ़ाने का साहस रखता है।

गौरतलब है कि बाँग्ला फ़िल्म उद्योग को लम्बे अर्से से टॉलीवुड के नाम से जाना जाता रहा है। 1932 में हॉलीवुड से जुड़े एक इंजीनियर बिलफोर्ड इं. डेमिंग को कुछ समय के लिए बम्बई और कलकत्ता की फ़िल्म कम्पनियों को नजदीक से देखने का मौका मिला। जब वह स्वदेश लौटने ही वाले थे तो उन्हें कलकत्ता के

टालीगंज स्थित फ़िल्म स्टूडियो से एक तार मिला जिसमें लिखा था "ल्यूबिन की फ़िल्म द्वारा अच्छा कारोबार किये जाने पर टॉलीवुड शुभकामनायें और नये साल की मुबारकबाद भेजता है।" इस घटना का उल्लेख डेमिंग ने अमेरिकन सिनेमैटोग्राफ़र के मार्च 1932 के अंक में किया है।[8] यदि आज केरल के फ़िल्म उद्योग को कॉलीवुड, पाकिस्तान फ़िल्म उद्योग को लॉलीवुड (लाहौर) तथा नाइजीरियाई फ़िल्म उद्योग को नॉलीवुड के नाम से पुकारा जा रहा है तो हैरत की कोई बात नहीं। आखिर नाम में क्या रखा है?

एक बात और, बॉलीवुड श्रेणी में शामिल की जाने वाली फ़िल्मों का निर्माण केवल मुम्बई तक सीमित नहीं। वर्तमान में हैदराबाद और चेन्नई के अलावा कनाडा, ब्रिटेन और अमेरिका के प्रवासी निर्देशकों द्वारा भी किया जा रहा है। हॉल ही में आस्कर पुरस्कार से सम्मानित ब्रिटिश निर्देशक डैनी बॉयल भी बॉलीवुड की तर्ज में फ़िल्म बनाने के आकर्षण से बच नहीं सके। स्लमडाग मिलेनियर नामक फ़िल्म में उन्होंने जिस प्रकार शॉट्स का निबन्धन तथा नृत्य गीत का समावेश किया है वह उनकी फ़िल्म को बॉलीवुड न कि हॉलीवुड के करीब लाकर खड़ा कर देती है।

बॉलीवुड को उसका वर्तमान रूप प्रदान करने में कहीं न कहीं उस पूँजी की अहम भूमिका है जो हॉल तक उसे सहज रूप में अनुपलब्ध थी। पहले निर्माता वितरकों की मदद से पूँजी जुटाया करते थे। इसका एक नतीजा यह होता था कि निर्माता-वितरक फ़िल्म के अंतिम रूप को प्रभावित कर सकते थे। 1990 के दशक में अपराध जगत पूँजी उपलब्ध कराने लगा। इसका प्रभाव सितारों तथा संगीतकारों के चयन से लेकर फ़िल्म के आख्यानात्मक चरित्र तक देखा गया। यह पता लगा पाना मुश्किल है कि 2001 में उद्योग का दर्जा मिल जाने के बाद फ़िल्म जगत को उपरोक्त समस्याओं से किसी हद तक निजात मिली। फिर भी एक बात बिल्कुल साफ है कि 2001 के बाद भारतीय फ़िल्म जगत पहले से कहीं अधिक प्रोफेशनल दिखलाई पड़ने लगा है। आज भारतीय बैंक भी उचित मूल्याँकन के बाद फ़िल्म कंपनियों को पूँजी उपलब्ध कराने लगे हैं, साथ ही फ़िल्मों के बीमा कराने का चलन भी बढ़ा है। सितारे भी चेक द्वारा भुगतान स्वीकार करने लगे हैं। नये माहौल में कुछ फ़िल्म कंपनियाँ तो इतनी उत्साहित हैं कि बिना सजिल्द पटकथा प्राप्त किये शूटिंग पर काम प्रारम्भ ही नहीं किया करतीं। ज़ाहिर है कि समूचे उद्योग के व्यवसायीकरण (Professionalization) तथा निगमीकरण (Corporatization) का बिगुल बज चुका है। उधर यू.टी.वी. तथा रिलायन्स एन्टरटेनमेंट सरीखी कम्पनियाँ पश्चिमोन्मुखी होने लगी हैं। विगत दो वर्षों में यह कंपनियाँ हॉलीवुड के चोटी के कलाकारों की मदद से दर्जनों फ़िल्में बनाने के करार पर हस्ताक्षर करवा चुकी हैं। किन्तु उपरोक्त परिदृश्य के आधार पर यह कहना कि बॉलीवुड हॉलीवुड पर अतिक्रमण की विराट

योजना बना चुका है। जल्दबाजी होगी।

70 तथा 80 के दशकों में जब यूरोप, एशिया तथा लैटिन अमेरिका के फ़िल्म बाज़ारों को हॉलीवुड के लगातार हमलों से शिकस्त मिल चुकी थी[9] तो एशिया का केवल हिन्दी सिनेमा अकेला था जो हॉलीवुड के विस्तारवाद के खिलाफ मोर्चा सँभाले हुए था। न कि उसमें हॉलीवुड की तरह विशाल साम्राज्य में बदल जाने की तड़प दिखलाई पड़ रही थी। बावजूद इसके कि सोवियत रूस, चीन, ईरान, मिस्त्र इत्यादि में हिन्दी फ़िल्मों के प्रति दिलचस्पी बढ़ रही है। फिर भी हिन्दी फ़िल्मों की अंतर्राष्ट्रीयता बदलने के लिए यह शर्त नाकाफ़ी थी। सामान्यतः बॉलीवुड को ब्रैण्ड में बदलते हम उसे प्रक्रिया के संदर्भ में देख सकते हैं। जिसे वैश्वीकरण के नाम से जाना जाता है।

बॉलीवुड विमर्श है अथवा नहीं, विचारणीय प्रश्न है। प्रत्येक विमर्श की एक सैद्धान्तिक भूमि होती है जो उसे यथार्थ और उसकी व्याख्या के बारे में खास धारणायें उपलब्ध कराती है। विमर्श एक प्रकार की बोधात्मक योजना है जिसे दुनिया को समझने और बदलने के लिए इस्तेमाल किया जा सकता है। कभी-कभी उसे विचारधारा का पर्याय भी मान लिया जाता है इसलिए बोल-चाल में हम अक्सर विमर्श की वर्चस्वता की बात करते हैं। किन्तु विमर्श के बारे में उपरोक्त सोच उसे एक प्रकार का स्थायित्व और जड़ावस्था प्रदान करती है। संभवत : प्रत्यक्षवादी और संरचनावादी प्रभाव विमर्श को जड़ावस्था में रखना चाहते थे। विगत वर्षों में उत्तर संरचनावाद ने विमर्श को अलग दृष्टि से देखने की कोशिश की है। मसलन, विमर्श क्या संपूर्ण, स्पष्ट या अविभेद होता है अथवा अधूरा संदिग्ध तथा अस्पष्ट। उत्तर-संरचनावाद विमर्श को दुविधापूर्ण और श्लेष मानता है। विमर्श का चरित्र चंचल तथा विचलन से परिपूर्ण है। उसे न तो परिभाषित किया जा सकता है न किसी चौखट में सीमित। बकौल फ्राँसीसी दार्शनिक 'ज़ॉक्स देरिदा, विमर्श में एक साथ दो प्रवृत्तियाँ मौजूद रहती हैं–अर्थ का स्थगन तथा अर्थ का विभेदीकरण उसकी (To differ)। देरिदा इसके लिए एक नया शब्द गढ़ते हैं–(Differance).[10] अंततोगत्वा, विमर्श के अर्थ इस बात पर निर्भर होंगे कि मौजूदा सामाजिक व्यवस्था कैसी नियमावली तथा भाषाई दस्तूर उपलब्ध कराती है।

बॉलीवुड को विमर्श के रूप में पहचानने के लिए कुछ बातें उसकी विशिष्ट निर्माण तथा प्रदर्शन (Exhibition) की पद्धतियों के बारे में लिखना आवश्यक हो जाती हैं। बॉलीवुड फ़िल्में विषमाँगी उत्पादन की पद्धति का उदाहरण है। मार्क्स के उत्पादन सिद्धान्त से प्रभावित जिसमें उन्होंने 'घड़ी' को विषमाँगी किन्तु, उसकी 'सूई' को क्रमिक उत्पाद बतलाया था। माधव प्रसाद लिखते हैं कि घड़ी के कलपुर्जों

जॉक्स देरीदाँ

की भाँति ही बॉलीवुड फ़िल्मों में कहानी, नृत्य, गीत, कामेडी, एक्शन का अलग-अलग कारीगरों द्वारा निर्माण किया जाता है। बाद में उन्हें उचित क्रम में जोड़ दिया जाता है। ज़ाहिर है जिस फ़िल्म का निर्माण ही विषमाँगी पद्धति से हुआ हो, उसके पठन के बाद समरूप अर्थ कैसे ढूँढ़ निकाला जा सकता है।

जहाँ तक प्रदर्शन का सवाल है कि सिनेमाघरों (एकल पर्दा/मल्टीप्लैक्स) में दिखलाये जाने के अलावा बॉलीवुड फ़िल्में 24X7 कहलाये जाने वाले टेलीविजन चैनल्स के जरिये संप्रेषित की जा रही हैं। कुछ चैनल्स फ़िल्मों को गपशप, सितारों के साथ साक्षात्कार, फ़िल्म समाचार गीतों, प्रचार के साथ जोड़कर नये आख्यान प्रस्तुत करते हैं। इधर कुछ बरसों से बॉलीवुड की नई फ़िल्मों की चोरी (पायरेसी) की समस्या बढ़ी है। चोरी की प्रिंट या तो मौलिक प्रिंट की प्रतिलिपि होती हैं या सिनेमा हाल के अंदर मौजूदा किसी व्यक्ति द्वारा साधारण कैमकार्डर से रिकार्ड की जाती है। कैमकार्डर से रिकार्ड की गई फ़िल्म गुणवत्ता की दृष्टि से अत्यन्त निकृष्ट होती हैं किन्तु आख्यानात्मक दृष्टि से अत्यन्त दिलचस्प। इसका कारण है उसमें

दर्शकों की प्रतिक्रिया भी शामिल रहती है। कभी-कभी हॉल के अंदर बैठे दर्शक भी दिखलाई पड़ते हैं। चोरी से उतारी गई फ़िल्म का अन्य पक्ष है। प्रत्येक फ्रेम पर अलग-अलग भाषाओं (अरबी, चीनी) में अन्तः रेखित सब-टाइटल्स (यहाँ तक गीतों के भी)। अर्थात् एक नये परा-आख्यान का मौजूद रहना। अवैध निर्माताओं के लिए यह आवश्यक नहीं कि संवादों (या गीतों) का तरजुमा मानकता को ध्यान में रख कर किया जाए। बस संवादों का कुछ हिस्सा किसी तरह संप्रेषित हो जाए—यही काफ़ी है। इस प्रकार जब मूल पाठ ही नहीं रहा तो पठन और अर्थ की विविधता की परिकल्पना आसानी से की जा सकती है।

संदर्भ बिन्दुओं की बहुलता केवल बॉलीवुड फ़िल्मों के निर्माण तथा प्रदर्शन में ही नहीं देखी जाती बल्कि उसके आस्वादन में भी। आज जब बॉलीवुड वैश्विक उपभोग की वस्तु बन चुका है तो हम आस्वादन की विविध अनुभूतियों की चर्चा कर सकते हैं। पहली बात तो यह कि बॉलीवुड (अन्य भाषाओं में फ़िल्म बनाने वाले फ़िल्मकारों के प्रतिरोध के बाद भी) अखिल भारतीय सिनेमा का रूप ग्रहण कर चुका है। प्रत्येक बॉलीवुड फ़िल्म का प्रीमियर राष्ट्रीय स्तर पर होता है। यह बात अन्य भारतीय भाषाओं के सिनेमा पर लागू नहीं होती है। किन्तु दूसरी ओर अन्य भाषाई/साँस्कृतिक प्रदेशों में बॉलीवुड की उपस्थिति इस बात को सुनिश्चित करती है कि उसके आस्वादन की प्रक्रिया एक दूसरे से कितनी भिन्न होगी यानी बंगाल, बिहार, उड़ीसा, कर्नाटक, आँध्र प्रदेश, तमिलनाडु इत्यादि में, आस्वादन की प्रणालियाँ भिन्न होने के कारण बॉलीवुड फ़िल्म को अलग तरह से पढ़ने और समझने का मौका मिलेगा। अर्थ के स्थगन और विभेदीकरण की खिलंदड़ी तब भी देखी जाती है। जब बॉलीवुड लम्बी यात्रा पूरी कर दूरस्थ महाद्वीपों में पहुँचता है, जहाँ दक्षिण एशियाई मूल के लोग रहा करते हैं। ऐसे में ज़्यादातर फ़िल्में दक्षिण एशियाई लोगों को समान भौगोलिक पहचान दिलाने में कारगर होती हैं, तो कुछ फ़िल्में (गदर, पिंजर, रेफ़्यूजी, एल.ओ.सी. करगिल) पहचान को विभेदीकृत बना देती हैं। यह सिलसिला निरन्तर चलता रहता है।

स्पष्ट है कि अगर हम जानना चाहें कि बॉलीवुड के केन्द्र में क्या है अथवा उसकी मूल विशेषता क्या है, तो निराशा ही हाथ लगेगी। कहीं नई प्रौद्योगिकी के जरिये तो कहीं हिंलिश का प्रयोग कर तो कहीं किस्सागोई के स्वरूप में बदलाव लाकर बॉलीवुड संकरण की अवस्था में पहुँच चुका है। फ़िल्मकारों के समक्ष चुनौती यह है कि वह ऐसी फ़िल्में बनाने की कोशिश करें जो घरेलू तथा विदेशी बाज़ारों में अच्छा कारोबार कर सकें। इस लक्ष्य को प्राप्त करने के तरीके बदल चुके हैं। निर्माताओं की बाक्स ऑफ़िस के मुनाफ़े पर निर्भरता घटती जा रही है। वह निरन्तर नये ज़रियों की तलाश में रहते हैं। उदाहरणस्वरूप फ़िल्म संगीत पर अधिकार प्राप्त

करने के अलावा, डबिंग, संवादों के पुनर्अंकन, एफ.एम. रेडियो और टेलीविजन द्वारा प्रदर्शन के पहले और बाद के दृश्यों के प्रसारण के अधिकार तथा मोबाइल टेलीविजन के जरिये गीतों के डाउनलोडिंग के अधिकार इत्यादि।[12] गोल्डमैन सैक्स के 2003 के सर्वेक्षण के अनुसार अगले 30-50 वर्षों में अन्य ब्रिक राष्ट्रों (ब्राजील, रूस, चीन, भारत) की तरह भारत में भी आर्थिक विकास की गति शेष दुनिया से कहीं अधिक होगी, जिसका सीधा लाभ मनोरंजन उद्योग को प्राप्त होगा। इसी तरह 2005 में प्रकाशित नैसकाम मैकिंसे के सर्वेक्षण से स्पष्ट हो जाता है कि भारत में प्रत्येक वर्ष 3-4 करोड़ आबादी उस मध्यम वर्ग का हिस्सा बनती जा रही है जिसके पास टेलीविजन, म्यूजिक सिस्टम, डीवीडी प्लेयर, मोबाइल तथा अन्य उपकरणों को खरीदने की अपार क्षमता है।[13]

ब्रैण्ड बॉलीवुड को स्थापित करने में 1990 की आक्रामक विपणन की रणनीति अत्यन्त सफल रही है। सैबल चटर्जी के अनुसार यह हॉलीवुड के आक्रामक रवैये के खिलाफ छेड़ी गई संगठित मुहिम थी।[14] दरअसल 1994 में स्टीवेन स्पील बर्ग द्वारा निर्देशित जुरासिक पार्क की हिन्दी में डबिंग के बाद भारत में हॉलीवुड की फ़िल्मों के हिन्दी संस्करणों का व्यापक बाज़ार तैयार होने लगा था। कुछ ही समय में स्पीड, टू लाइज, ब्रेव हार्ट, टाइटैनिक, गॉडजीला इत्यादि हिन्दी के साथ-साथ तमिल सब-टाइटल्स में भी उपलब्ध होने लगीं। भारतीय बाज़ार पर मँडराते संकट के बादलों से निपटने के लिए भारतीय निर्माता/निर्देशकों ने न केवल हिन्दी फ़िल्मों का जबर्दस्त विज्ञापन किया बल्कि हॉलीवुड की चमक दमक का अनुकरण करते हुए बॉलीवुड फ़िल्मों को नये अंदाज में प्रस्तुत किया।[15] नये बॉलीवुड की प्रमुख विशेषता है उसकी युवा छवि और रूमानियत–भरी कहानियाँ। यदि भारतीय जनगणना के 2001 के आँकड़ों पर विहंगम दृष्टि डाली जाए तो स्पष्ट हो जायगा कि निर्माताओं के निशाने पर वह युवा हैं जो 30 वर्ष से कम आयु के होने के साथ-साथ भारत की कुल आबादी का लगभग दो तिहाई हिस्सा हैं।[16]

ब्रैण्ड बॉलीवुड, वैश्विक बाज़ारों और वैश्विक दर्शकों के अन्तःसम्बन्धों की पड़ताल का सबसे अच्छा तरीका है, टेलीविजन के अन्तर्राष्ट्रीय संगीत चैनल्स (एम. टी.वी. वी. चैनल बी.फार.यू.) का अध्ययन। इन चैनल्स द्वारा संप्रेषित बॉलीवुड के दृश्य-गीत सारी दुनिया में देखे जाते हैं। इस तरह, 'भारतीयता' 'भारतीय राष्ट्र' 'भारतीय' जैसे भावात्मक विचारों के अंतर्राष्ट्रीय स्तर पर संप्रेषण से विशिष्ट दर्शक समुदायों का निर्माण होता है।[17] वामसे जुलूरी का मानना है कि भारतीयता के अंतर्राष्ट्रीय परिचालन में आलीशा चिनॉय के गीत मेड इन इंडिया, परदेश का गीत ये मेरा इंडिया तथा ए.आर. रहमान द्वारा संगीतबद्ध 'माँ तुझे सलाम' प्रमुख हैं।[18] यह तीनों गीत वैश्विक स्तर पर चल रहे साँस्कृतिक संकरण का अच्छा उदाहरण हैं।

स्टीवन स्पीलबर्ग

उन्हें इस तरह फ़िल्माया गया है कि वह पश्चिम के साँस्कृतिक प्रभावों को बरकरार रखते हुए गौरवशाली भारत की छवि को संप्रेषित कर सकें। इनका प्रदर्शन भारतीय स्वाधीनता की 50वीं सालगिरह (1997) के वर्ष से आरंभ हुआ। इस वर्ष कई नये-पुराने देशभक्ति के गीतों का पुनःप्रकाशन हुआ। इसके अलावा दूरदर्शन ने कोका कोला द्वारा प्रायोजित कार्यक्रमों में नये वीडियो जारी किये जो भारत की नई छवि को प्रतिष्ठित करते हैं। इस छवि के मर्म में 'भारत माता' नहीं बल्कि भारत का उदार और कामोत्तेजक दैहिक बिम्ब है।[19]

भारतीय जनता पार्टी के शासन काल (1998-2003) में वैश्वीकृत भारत को बतौर दीप्तिमान इंडिया की तरह विज्ञापित किया गया। इसके लिए मीडिया का व्यापक प्रयोग हुआ। इस दौरान कई मिथक गढ़े गये जैसे भारतीय अर्थव्यवस्था की चीनी अर्थव्यवस्था के साथ बेमेल तुलना, सकल घरेलू उत्पाद के आधार पर भारत को विश्व शक्ति घोषित करना, सूचना उद्योग को औद्योगिक उत्थान का इंजन मान लेना वग़ैरह-वग़ैरह। बाद में जब भारत अमेरिका के सम्बन्धों में प्रगाढ़ता आने लगी तो अमेरिकी राजनायिकों के साथ-साथ टॉमस फ्रीडमैन तथा जेफरी सैक्स जैसे अर्थशास्त्रियों ने भी भारतीयों के समर्थन में प्रशस्ति गीत लिखे।[20] किन्तु उतावलेपन में लोग यह भूल गये कि दीप्तिमान इण्डिया की एक दूसरी तस्वीर भी है—बढ़ती सामाजिक तथा आर्थिक विषमताएँ, विस्थापन, बेकारी तथा संत्रास भरा जीवन।

बॉलीवुड द्वारा इस दौर की पड़ताल सतही और अधूरी रही। प्रेम, कामना और उपभोग को केन्द्रीयता प्रदान करने के अलावा उसने पड़ोसी देश पाकिस्तान के प्रति आक्रामक तेवर दिखलाये। 1999 में जॉन मैथ्यू मथॉन के निर्देशन में बनी सरफरोश, 2000 में निर्मित मिशन कश्मीर, 2001 में प्रदर्शित गदर, एक प्रेम कथा भारत के बदलते तेवरों के दस्तावेज हैं। इसके अलावा फिज़ा 2000, रेफ्यूजी 2000, पिंजर 2003 में पाकिस्तान के नकारात्मक संदर्भ हैं। भारत की विशाल सैन्य शक्ति का प्रदर्शन 2003 की फ़िल्म एल.ओ.सी. करगिल के माध्यम से किया गया। यह फ़िल्म 1999 में करगिल क्षेत्र में होने वाले भारतीय सेना के आपरेशन विजय का सिनेमाई संस्करण है। इसके निर्देशक जे.पी. दत्ता पहले भी राष्ट्रवाद की संकीर्ण परिभाषा बॉर्डर (1997) तथा रेफ्यूजी 2000 के जरिये प्रस्तावित कर चुके हैं। एल.ओ.सी. की विशेषता इस बात में है कि बॉलीवुड के इतिहास में पहली बार एक साथ इतने सारे नामचीन सितारों की फ़िल्मी आख्यान में उपस्थिति। इस प्रकार संजय दत्त, अजय देवगन, सैफअली खान, सुनील शेट्टी, अभिषेक बच्चन, अक्षय खन्ना, मनोज बाजपेयी, आशुतोष राणा, राज बब्बर, रानी मुखर्जी, रवीना टण्डन, करीना कपूर, प्रीति झांगियानी, महिमा चौधरी, ईशा देओल, ईशा कोप्पिकर, दिव्या दत्ता, प्रिया गिल, नम्रता शिरोडकर तथा अन्य कलाकारों ने महत्त्वपूर्ण भूमिकायें निभाईं। दीप्तिमान इंडिया के दौर में आरंभ हुआ उग्र राष्ट्रवाद तथा फ़िल्म जगत के मध्य बढ़ती अंतरंगता का सिलसिला अभी समाप्त नहीं हुआ है। हालाँकि विगत वर्षों में एलओसी जैसी कोई फ़िल्म नहीं बनी। इधर एनडी टीवी के कार्यक्रम जय जवान में भाग लेकर फ़िल्मी सितारों ने भारतीय सेना के जवानों को सर्वोच्च देशभक्तों के रूप में स्थापित करने में कोई कसर नहीं छोड़ी है। अफसोस कि इस दौर में बॉलीवुड अपवंचित भारत का कोई दस्तावेज तैयार करने में चूक गया। बहुत तलाशने के बाद अगर किसी फ़िल्म का नाम लिया जा सकता है तो वह है 2002 में निर्माता संजीव करमबेल्कर और मगन बिहारी बोराटे के निर्देशन में बनी लाल सलाम है जो हाशिये पर खड़े भारतीय लोगों के नक्सलपंथ के साथ बनते रिश्तों की पड़ताल करती है। यह आश्चर्यजनक है क्योंकि 50 तथा 60 के दशकों में भी राज कपूर, चेतन आनन्द, गुरुदत्त आदि की फ़िल्मों में शहरी बेरोजगार और निरुपाय लोगों को सिनेमाई आख्यान का हिस्सा बनाया जाता था।

हॉल में माधव प्रसाद ने सुझाव रखा है कि बॉलीवुड ने प्रवासी भारतीय को सिनेमा की सर्वाधिक स्थायी पहचान के रूप में स्वीकार कर लिया है।[21] किन्तु यह बात मुट्ठी भर फ़िल्मों जैसे परदेस (1995), दिलवाले दुलहनिया ले जायेंगे (1995), आ अब लौट चलें (1999) सलाम नमस्ते (2005), नमस्ते लंदन (2007), लन्दन ड्रीम्ज (2009) तथा न्यूयार्क (2009) पर लागू होती है। यानी पन्द्रह वर्षों में बनी 15-20 फ़िल्में ही प्रवासी भारतीयों के जीवन को केन्द्रित कर पाई हैं। वर्तमान

आशुतोष गोवरीकर

बॉलीवुड प्रवासी भारतीयों के अलावा अन्य सरोकारों को भी सम्बोधित कर रहा है। अधिकांश फ़िल्में महानगरीय स्वप्न और कामगारों की जीवन्त दस्तावेज हैं। इनमें महानगरीय संस्कृति में पाये जाने वाले सभी परस्पर विरोधी बिम्ब–रफ़्तार, तनाव, समृद्धि, दरिद्रता, अज्ञानता, दृश्यमानता, अकेलापन, वंचना, उल्लास तथा नैराश्य सभी देखे जा सकते हैं। महानगरों को केन्द्रित करने वाली कहानियों का ताना बाना युवा पीढ़ी के इर्द-गिर्द बुना जाता है। विपणन की दृष्टि से यह एक अच्छी रणनीति है। ऐसी फ़िल्मों की ताजा प्रतिनिधि : कोई मिल गया (2003), कल हो न हो (2003), धूम (2004), मैं हूँ ना (2004), मुझसे शादी करोगे (2004), मैंने प्यार क्यों किया (2005), नो एंट्री (2005), धूम 2 (2006), कभी अलविदा न कहना (2006), ओम शान्ती ओम (2007), जब वी मेट (2007), जाने तू या ना जाने (2008), किस्मत कनेक्शन (2008), लक बाई चाँस (2009), लव आज कल (2009) इत्यादि हैं।

कुछ निर्देशकों ने भारत के निकटस्थ अतीत से जुड़ी घटनाओं को खँगालने का प्रयास किया है। अतीत-विषयक फ़िल्मों में ट्रेन टू पाकिस्तान (1998), हे राम (2000), गदर एक प्रेम कथा (2001), लगान (2001), द लिजेण्ड ऑफ भगत सिंह (2002), पिंजर (2003), सुभाष चन्द्र बोस (2005) तथा रंग दे बसंती (2006) उल्लेखनीय हैं। गौरतलब है कि भारतीय फ़िल्मकार अतीत और इतिहास के मध्य भेद नहीं करता, इसलिए अभिलेखागारीय शोध के प्रति अधिक उत्साह नहीं दिखलाता। ऐसी फ़िल्मों का उद्देश्य न केवल अतीत के पात्रों/घटनाओं की महागाथा

प्रस्तुत करना है बल्कि भावातिरेक द्वारा भारतीय नागरिकों को विघटन की तमाम संभावनाओं के प्रति सजग रखते हुए राष्ट्र के दुश्मनों के प्रति एकजुट करना है। अतिरिक्त रूप से ध्यान देने लायक बात है इन फ़िल्मों का समय, इनका निर्माण और प्रदर्शन ऐसे दौर में हो रहा है जब विकास और प्रगति के तमाम दावों के बाद भी भारतीय राष्ट्र आँतरिक असुरक्षा और राजनैतिक विघटन के दौर से गुजर रहा है।

बॉलीवुडीकरण को चिन्हित करने वाली फ़िल्मों में कुछ ऐसी हैं जिन्होंने संयुक्त परिवार व्यवस्था की पुरज़ोर वकालत की। जब पूँजीवाद और स्थानीय प्राधिकारों के प्रतीकों की मुलाकात होती है तो परिवार की महत्ता को पुर्नस्थापित करने का अर्थ है वैश्विकता के वर्चस्व को चुनौती देना।[22] बॉलीवुड का परिवार पूर्णतया सामंती है।[23] वह आधुनिकता की अतिक्रमणकारी प्रवृत्ति के प्रति हमेशा सजग रहता है, कहीं ऐसा न हो कि आधुनिक मूल्यों के संवाहक उसकी मूल्यवान विरासत को हड़प न जाएँ। इसलिए वह बाहूय बनावट में परिवर्तन होने पर चिंतित नहीं होता। वह उपभोक्तावाद के साथ भी सामंजस्य के लिए तैयार है बशर्ते परिवार के भीतर व्यक्तिवादिता को बढ़ावा न मिले। पुनश्च, उसने औरत के लिए जिस स्पेस को सुरक्षित रखा है उसे हर हाल में बचाना है।[24] वैश्वीकरण के चलते सामंती परिवार को प्रतिष्ठित करने वाली पहली फ़िल्म हम आपके हैं कौन (1994) है। परिवार में सदैव उत्सव जैसा माहौल रहता है। सुख-दुख में साझेदारी है। नायक-नायिका का प्रेम अभी चरम पर पहुँचा ही है कि एक दुर्घटना में नायक की भाभी की मृत्यु हो जाती है। बड़े-बूढ़ों की राय है कि नायक के भाई का विवाह उसकी साली (जो फ़िल्म की नायिका है) के साथ संपन्न कर दिया जाय। इस तरह फ़िल्म एक द्वन्द्व की स्थिति में पहुँच चुकी है। किन्तु नायक-नायिका का प्रेम पवित्र है। उन्होंने परिवार की मर्यादाओं को अतिक्रमित नहीं होने दिया है। द्वंद्व का निराकरण तब होता है जब नायक का भाई (सच्चाई जानने पर) विवाह से इंकार कर देता है। इस प्रकार परिवार की अखण्डता पर कोई आँच नहीं आती।

1998 में संजय लीला भंसाली के निर्देशन में बनी हम दिल दे चुके सनम की कहानी ठीक विपरीत है किन्तु उद्देश्य समान। नायिका अपने (सामंती) पिता की आज्ञा का उल्लंघन नहीं कर सकती। वह अपने प्रेम की कुर्बानी देकर पिता द्वारा पसंद किये लड़के से विवाह कर लेती है। बाद में जब वह अपने पति के साथ विदेश पहुँचती है तो एकाएक उसका सामना अपने पूर्व प्रेमी से हो जाता है। जिस पर वह उत्तेजित नहीं होती और चुपचाप मर्यादा के दायरे में सिमट जाती है। इसी प्रकार परदेस (1995) तथा दिलवाले दुल्हनिया ले जायेंगे (1995) के परिवार भरे-पूरे हैं। वह बाह्य (आधुनिक) मान्यताओं के अतिक्रमण को तब तक सहते हैं जब तक परिवार का सामंती ढाँचा संकट ग्रस्त नहीं हो जाता। मसलन, दिलवाले में जब नायक को

नायिका के साथ पलायन का मौका मिलता है तो वह परिवार की मर्यादा को ध्यान में रखते हुए उसे गँवा देता है।

इस प्रकार मर्यादा के धागों से बँधे सामंती परिवार की पवित्रता को कायम रखने का अवसर भारतीय फ़िल्मकार कभी नहीं चूकते। इसकी ताजा मिसाल 2007 में निर्मित 'जब वी मेट' तथा 'बागबान' हैं। 'जब वी मेट' की नायिका एक अजनबी युवक के साथ घर लौटती है। युवक (जो फ़िल्म का नायक है) उसके साथ रेल में सफर कर रहा था। नायिका को विश्वास है कि घर लौटने पर उसका प्रेमी उससे विवाह कर लेगा। किन्तु ठुकरा दिये जाने पर वह युवक के साथ घर से पलायन कर जाती है। इस बीच युवक (नायक) नायिका से प्रेम करने लगता है लेकिन ज़ाहिर नहीं करता। दरअसल, नायक को भी एक लड़की ने ठुकरा दिया था। इसलिए वह भी अपना घर बार छोड़कर निरुद्देश्य विचर रहा है। नायिका घर छोड़कर अज्ञातवास में रहने लगती है। नायक अपने घर लौट जाता है। कुछ समय बाद नायक को ढूँढ़ते हुए नायिका के परिवार के लोग उसके दफ्तर पहुँच जाते हैं और उस पर नायक को भगा कर ले जाने का दोष मढ़ देते हैं। नायका परिवार की मर्यादा को बचाने के लिए नायिका को खोजने निकल पड़ता है। इसके मिल जाने पर वह नायिका को लेकर उसके घर लौटता है जहाँ बड़े-बूढ़ों (सामंतों) के आशीर्वाद से दोनों का विवाह सम्पन्न किया जाता है। 'बागबान' सामंती परिवार के बिखर जाने को इंगित करती है। विवाहोपरान्त नायक की सभी संतानें अपने-अपने बसेरों में चली गईं। इस बीच नायक की माली हालत काफी बदतर हो जाती है और वह अपनी संतानों पर आर्थिक रूप से निर्भर हो जाता है। नायक और उसकी पत्नी कुछ महीनों के लिए कभी एक संतान के साथ रहते हैं कभी दूसरी के पास, किन्तु उनके साथ कहीं भी अच्छा बर्ताव नहीं होता है। उन्हें पहली बार महसूस होता है कि एक बागबाँ की तरह उन्होंने जिन पौधों को सींचा था वह बहार आने पर बागबाँ को भूल गये। इस बीच नायक को उसकी नई पुस्तक के लिए बड़ा पुरस्कार मिल जाता है और वह फिर से अरबपति बन जाता है, उधर उसकी संतानों को अपनी अपनी गलतियों का एहसास हो जाता है और वह अपने माता-पिता से माफी माँग लेते हैं। सामंती परिवार चरमरा कर टूट जाने से बच जाता है। परिवार उजड़ जाने के भय से भावुक क्लोज-अप अथवा प्वांइट ऑफ द शॉट्स के जरिये निरूपित किया गया है। 'बाग़बान' को बाक्स ऑफ़िस पर मिलने वाली सफलता का प्रमुख कारण भी यही है।

एक आखिरी बात। 1992 से पहले बनने वाली फ़िल्मों में संवाद की भाषा हिन्दी। हिन्दुस्तानी या बंबइया हुआ करती थी। किन्तु 1992 में प्रवासी भारतीय निर्देशक नागेश कुकूनूर के निर्देशन में बनी हैदराबाद ब्लूज ने सारा परिदृश्य ही बदल दिया। इस फ़िल्म की सबसे बड़ी विशेषता थी अंग्रेज़ी में लिखे गये संवाद

जिन्हें अनगढ़ कलाकारों के ज़रिये जुबान उपलब्ध कराई गई। कम बजट में बनी कुकूनूर की फ़िल्म लोकप्रिय साबित हुई। और वह उसके उत्तर भाग को बनाने की तैयारियों में जुट गये। हैदराबाद ब्लूज के बाद कई निर्माता/निर्देशकों ने अंग्रेज़ी संवादों वाली फ़िल्में बनाने का साहस किया। इनमें इंग्लिश अगस्त (1994), मिस्टर एण्ड मिसेज अय्यर (2002), बौंग कनेक्शन (2006) तथा लास्ट लियर (2008) प्रमुख हैं। किन्तु उपरोक्त फ़िल्में बॉक्स-ऑफ़िस पर संतोषजनक कारोबार नहीं कर सकीं। फिर भी एक बात स्पष्ट है वैश्विकता का अर्थ है अंग्रेजी बोलने और समझने वालों की संख्या में निरंतर वृद्धि। अंग्रेजी संवादों वाली भारतीय फ़िल्में यदि सफल हो गईं तो वह विश्व बाज़ार में बॉलीवुड को एक नई पहचान दे सकेंगी, साथ ही बॉलीवुड के सितारों को अंतर्राष्ट्रीय प्रोडक्शनों से जुड़ने का सुअवसर मिलेगा। वैसे भी बॉलीवुड में अंग्रेज़ी मिश्रित हिन्दी (हिंगलिश) का चलन उत्तरोत्तर रूप से बढ़ रहा है। तभी तो 'जब वी मेट' (2007), 'नमस्ते लंदन' (2007), 'किस्मत कनेक्शन' (2008), 'सिंह इस किंग' (2008) 'रॉक आन' (2008), 'ओय लकी लकी ओय' (2008), 'अगली और पगली' (2008), 'लक बाय चाँस' (2009) तथा 'लव आज कल' (2009) का हिंगलिश में नामकरण हुआ है।

उपरोक्त सर्वेक्षण का उद्देश्य हिन्दी सिनेमा के बॉलीवुडीकरण को रेखीय संक्रमण की परिणति के रूप में न देखकर एक जटिल बहुस्तरीय परिघटना के तौर पर देखना है जिसके राष्ट्रीय/वैश्विक संदर्भ हैं। इस रणनीति का एक लाभ यह होगा कि बॉलीवुड केवल पाठ-आख्यान नहीं रह जायेगा बल्कि उसके विशिष्ट देश-काल के सापेक्ष सम्बोधन होंगे जो उसके अर्थों को निर्धारित करेंगे। अंत में, वैश्विकता के आगमन ने बॉलीवुड फ़िल्मों के दायरे का अनियंत्रित रूप में विस्तार किया है। फलस्वरूप सिनेमा का अनुभव केवल सिनेमाघरों तक सीमित नहीं रह गया है। नई प्रौद्योगिकी ने पायरेसी को बढ़ावा दिया है। वर्तमान में बॉलीवुड फ़िल्में वैश्विक तौर पर घरों के भीतर देखी जा रही है। यहाँ हम सवाल उठा सकते हैं कि सिनेमाघर और सन्नाटे में एकाग्र होकर फ़िल्म देखने का सौन्दर्यशास्त्र प्रकाश तथा घर के अंदर शोर-शराबे के बीच फ़िल्म देखने (तथा सब-टाइटल्स को पढ़ने) के सौन्दर्यशास्त्र से कैसे भिन्न है और यदि है तो दर्शकों की आत्मगतता की रचना कैसे होती है?

अध्याय चार

नयी डायजेटिक स्पेस : ग्रामीण भारत का विलोपन?

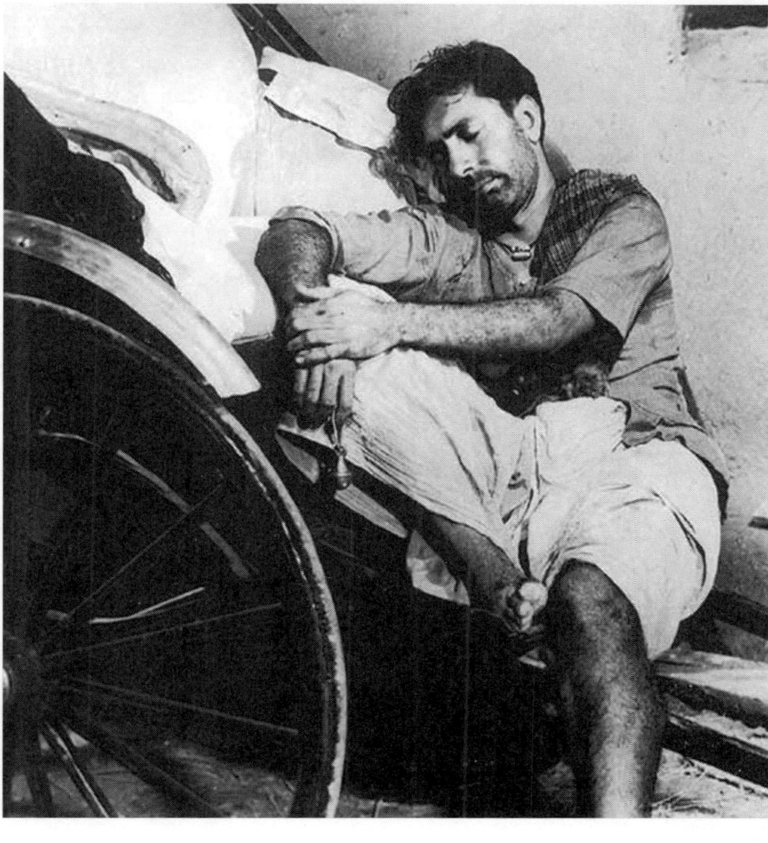

फिल्म 'अछूत कन्या' का एक दृश्य

नयी डायजेटिक स्पेस : ग्रामीण भारत का विलोपन?

यूँ तो ग्रामीण भारत प्रारम्भ से ही सिनेमा की डायजेटिक स्पेस का हिस्सा था फिर भी भारतीय ग्राम का रूमानी और आदर्श चित्र पहली बार बॉम्बे टाकीज के बैनर तले बनी 'अछूत कन्या' (1936) के जरिये प्रस्तुत किया गया। महात्मा गाँधी की रचना 'हिन्द स्वराज' (1905) के प्रकाशन के बाद ग्रामीण भारत राष्ट्रवादी आन्दोलन का संदर्भ बिन्दु बनने लगा था। कालाँतर में गाँधी के नेतृत्व में चलाये गये आँदोलनों चंपारण (1917), असहयोग (1920-22), बारदोली (1928) तथा सविनय अवज्ञा (1930-31) ने ग्राम समाज के सरोकारों को राष्ट्रीय आन्दोलन की अभिजातीय धारा से जोड़ा। ग्रामीण भारत के पुनर्जीवन की जरूरत को गाँधी गहराई से समझते थे उनका मानना था कि आधुनिक सभ्यता ने पश्चिमी लोगों को न केवल मशीनी जिंदगी जीने के लिए मजबूर कर दिया था बल्कि उन्हें लोलुप और प्रतिस्पर्धी समुदायों में बदल दिया था : "मुझे भय है कि उद्योगवाद मानव जाति के लिए अभिशाप बन जाने वाला है। उद्योगवाद सर्वथा इस बात पर निर्भर है कि आप में शोषण करने की कितनी शक्ति है....।"[1] पुन : मैं साफ शब्दों में अपना यह विश्वास ज़ाहिर कर देना चाहता हूँ कि बड़े पैमाने पर माल तैयार करने का पागलपन ही आज के विश्व संकट के लिये जिम्मेदार हैं।[2] हिन्द स्वराज के जरिये गाँधी भारतवासियों को औद्योगिकवाद के दौर में लाये जा रहे शहरीकरण के खतरों के प्रति सचेत करना चाहते थे। इससे ठीक विपरीत स्थिति भारतीय ग्राम समाज की थी। वहाँ जीवन सहज था और समुदायों के बीच सद्भाव बना हुआ था। ज़ाहिर है गाँधी एक आदर्श स्थिति की ओर इशारा कर रहे थे।[3] इस बात का खुलासा 1945 में गाँधी द्वारा नेहरू के नाम लिखे पत्र में साफ़ तौर पर होता है :

मेरे सपनों का गाँव अब भी मेरे मन में है। यह सच है हर मनुष्य अपने सपनों

के संसार में जीता है। मेरे आदर्श गाँव में बुद्धिमान इंसानों का वास होगा। वह गंदगी और अंधकार में नहीं रहेंगे। पुरुष और स्त्री दबावों से मुक्त जी सकेंगे। न प्लेग होगा, न हैजा, न चेचक, न कोई बेकार रहेगा, न ही विलास में आलोड़ित... रेल, तार तथा डाकघर की कल्पना सहज है..... मेरे लिए असल वस्तु को प्राप्त करना प्रमुख है, शेष तो चित्र में स्वयं ही शामिल हो जायेगा।[4]

इतिहासकार ज्ञान प्रकाश की मानें तो गाँधी न केवल भारतीय ग्राम की रूमानी तस्वीर पेश कर रहे थे बल्कि नेहरू की तरह उनका स्वप्न भी आधुनिकतावादी था। वस्तुतः भारत के अंतर (ग्राम) को बदलना या बाह्य (नगर) को एक ही चीर से उपजे विचार हैं।[5]

गौरतलब है कि गाँधी शहरों को पाप और भ्रष्टाचार का केन्द्र मानते थे जबकि नेहरू गावों को पिछड़ेपन और अज्ञानता का प्रतीक। गाँधी के नाम एक पत्र में नेहरू ने लिखा "मुझे समझ में नहीं आता कि ग्राम सत्य और अहिंसा के प्रतीक क्यों दिखें?"[6] बाद में जब गाँधी के सुझाव पर उन्हें भारतीय ग्राम को नजदीक से देखने का मौका मिला तो उन्होंने उसे एक "भावपूर्ण अनुभव" बतलाया।[7] फिर भी नेहरू ग्रामों को नगरों की तरह बनाना चाहते थे ताकि नगरों की ओर होने वाले पलायन को रोका जा सके। इस प्रकार उपनिवेशवाद विरोधी आन्दोलन के जन-आधार को बर्करार रखने के लिए राष्ट्रीय विमर्श में नगर को प्रत्यक्ष रूप से सम्बोधित नहीं किया जा सका। जब भारत स्वतंत्र हुआ तो प्राथमिकतायें फिर बदलने लगीं। नगर पंचवर्षीय योजनाओं के आधार बिन्दु बन गये। ग्रामीण भारत के बढ़ते हाशियाकरण के संकेत 1960-70 के दशकों में आँध्र प्रदेश, उड़ीसा, बिहार, बंगाल, केरल और महाराष्ट्र के उन क्षेत्रों में देखे गये जहाँ भूमिहीन किसानों की संख्या अधिक थी। जब आँध्र तथा बंगाल में नक्सलपंथ जड़ पकड़ने लगा तो ग्राम और विकास के अन्तःसम्बन्धों को पुनः चर्चा में लाया जाने लगा।

आज़ादी के पहले बनी फ़िल्मों में ग्रामीण भारत की केन्द्रीयता को लेकर कोई सवाल नहीं था। किन्तु उसे बदलने के लिए राष्ट्रीय विमर्श में लक्ष्य और रणनीति के प्रश्नों पर जो जबर्दस्त मतभेद उत्पन्न हुए, वह हिन्दी सिनेमा में पूर्णतया नदारद हैं। रेचल डॉयर लिखती हैं कि फ़िल्मकारों का प्रयास भारतीय ग्राम के पूर्व-आधुनिक और कालजयी चरित्र को शहरी आधुनिकता के बरअक्स रखने तक सीमित रहा।[10] गोया कि ऐतिहासिक रूप से सभी भारतीय नगर और ग्राम बाह्य बनावट और आँतरिक संरचना में समरूप हों तथा उनकी समस्यायें भी समान। हिन्दी सिनेमा की अन्य विशेषता की ओर संकेत करना जरूरी है। 1940 तथा 50 के दशकों की फ़िल्में भारतीय किसानों की दशा के लिए जिम्मेदार राजनैतिक व्यवस्था को दोषी न ठहरा

कर जमींदारों और महाजनों पर इल्जाम मढ़ देती हैं। यकीनन ग्रामीण समाज में व्याप्त शोषण और ऋणग्रस्तता के तार जमींदारों तथा महाजनों से जुड़े हैं किन्तु यदि सिनेमा अन्य परतों को खोलता तो शायद राजनैतिक व्यवस्था के चरित्र पर ही प्रश्नचिह्न लग जाता। शायद जमींदारों और महाजनों को चिन्हित करने की प्रेरणा उसे तत्कालीन साहित्य से मिली जो उपनिवेशकाल में ब्रिटिश हुकूमत तथा स्वतंत्रता मिलने के बाद सरकारी तंत्र पर प्रत्यक्ष हमला करने से कतरा रहा था। अध्याय के अगले हिस्से में तीन फ़िल्मों 'धरती के लाल' (1946), 'दो बीघा ज़मीन' (1953) तथा 'नया दौर' (1957) के ज़रिये इस पहलू को स्पष्ट करने की कोशिश की जाएगी।

प्रगतिशील संस्कृति कर्मियों के संगठन इप्टा (IPTA) के संस्थापक ख़्वाजा अहमद अब्बास के निर्देशन में बनी 'धरती के लाल' 1943-44 में बंगाल में पड़ने वाले भयानक अकाल की व्यथा-कथा है। फ़िल्म अकाल की त्रासदी के मानवीय पहलुओं को उजागर करती है। बंगाल के निर्धन ग्रामीण परिवार में छोटे पुत्र के विवाह की तैयारियाँ चल रही हैं। विवाह तभी हो सकता है जब फसल की अच्छी कीमत मिले। किन्तु षड्यंत्रकारी जमींदार और शहरी व्यापारी ऐसा नहीं होने देते, इस बीच अकाल की परछाईं गहराने लगती है। किसान कलकत्ता पलायन के लिए विवश हैं किन्तु रास्ते में नायक के ज्येष्ठ पुत्र की पत्नी बिछुड़ जाती है। कलकत्ता पहुँचने पर परिवार को दूसरी त्रासदी से जूझना पड़ता है। नायक की अचानक मौत से पूरा परिवार मर्माहत है। लेकिन मरने से पहले वह उन्हें गाँव लौट जाने की सलाह देता है। ज्येष्ठ पुत्र और उसकी पत्नी को छोड़ कर परिवार के अन्य सदस्य गाँव लौट जाते हैं। ग्रामीण जीवन के स्थायी प्रतीकों—मवेशी, खेत तथा धान की फसल को कलात्मक ढंग से प्रस्तुत करने के बावजूद फ़िल्म बॉक्स ऑफिस पर असफल हो गई।

विमल राय कृत 'दो बीघा ज़मीन' स्वतंत्रता के उपरांत बड़े पैमाने पर किये जा रहे औद्योगीकरण से उत्पन्न विस्थापन और पलायन की जीवंत दस्तावेज है। 1953 में फ़िल्म इंडिया पत्रिका में छपे एक आलेख में फिल्म पर प्रकाश डालते हुए कहा गया कि "विचित्र है कि स्वतंत्रता के तुरंत बाद कोई भारतीय निर्देशक इतनी अधिक निराशावादी फ़िल्म बनाये।"[10] संस्थापन शॉट की दो छवियाँ दर्शकों पर गहरा प्रभाव छोड़ जाती हैं—पहली, सूखी ज़मीन जिसमें जगह-जगह दरारें पड़ी हुई हैं और दूसरी कँटीले तारों से घिरे हुए खेत। कर्ज के बोझ से दबा शम्भू (बलराज साहनी) अपनी दो बीघा ज़मीन को छुड़ाने के लिए शहर चला जाता है। वहाँ रिक्शा चला कर वह बमुश्किल गुजर बसर करता है। एक दिन एक भयानक दुर्घटना में किसी तरह उसकी जान बच जाती है। शहर प्रवास के दिनों में होने वाली यह घटना उसे पूरी तरह झकझोर देती है। अभी वह पूरी तरह उबर नहीं पाया था कि उसकी पत्नी

(निरूपमा रॉय) की मृत्यु हो जाती है। अथक प्रयासों के बाद भी शम्भू पर्याप्त पूँजी नहीं जुटा सका और उसकी ज़मीन मिल मालिकों द्वारा हथिया ली जाती है। शम्भू की एकमात्र संतान कन्हैया (रतन कुमार) को जूता पालिश करने वाला एक नौजवान (जगदीप) शरण देता है। फ़िल्म के संपादक ऋषिकेश मुखर्जी का सबसे यादगार दृश्य वही है जिसमें उन्होंने बिना डिज़ाल्व का प्रयोग किये रिक्शा-रेस में शामिल शम्भू के रिक्शे के पहिये को निकलते हुए दिखला कर अगले शॉट में कन्हैया को अपने चोटिल पिता के पास बैठा दिखलाया।[11] दो बीघा ज़मीन इतालवी यथार्थवादी शैली तथा बलराज साहनी की खूबसूरत अदाकारी के अलावा इसलिए महत्त्वपूर्ण फ़िल्म है कि उसके सम्बोधन समकालिक हैं। हॉल ही में बंगाल में नन्दी ग्राम तथा उड़ीसा और महाराष्ट्र के ग्रामीण अंचलों में औद्योगीकरण के प्रतिरोध में चलाये जा रहे आँदोलनों के संदर्भ में यदि 'दो बीघा ज़मीन' का पठन किया जाए तो वह दोबारा प्रासंगिक प्रतीत होगी।

निर्देशक बी.आर. चोपड़ा की फ़िल्म 'नया दौर' 1957 में रिलीज हुई। इसी वर्ष 'मदर इंडिया' 'पेईंग गेस्ट' 'तुमसा नहीं देखा' तथा 'प्यासा' जैसी यादगार फ़िल्मों का प्रीमियर हुआ। बावजूद इसके 'नया दौर' अच्छा कारोबार कर सकी। 'नया दौर' प्रगति के नकारात्मक पहलुओं के प्रति हमें आगाह करती है। खलनायक कुंदन (जीवन) गाँव में लकड़ी चीरने के लिये मशीनें लगवा देता है। कुंदन तथाकथित प्रगति (मशीन) का बिम्ब है। उसी गाँव में एक ताँगे वाला शंकर (दिलीप कुमार) भी रहा करता है जो परंपरा (ग्रामीण भारत) का प्रतीक है। कुंदन और शंकर के प्रतिस्पर्धी होने का अन्य कारण रजनी (वैजन्तीमाला) है फ़िल्म की कहानी चरम बिंदु पर तब पहुँचती है जब ग्रामवासी मिलजुल कर (गीत—साथी हाथ बढ़ाना) एक कच्ची सड़क का निर्माण करते हैं ताकि शंकर का टाँगा (पूर्व औद्योगिक सवारी) बस का मुकाबला कर सके। साथी हाथ बढ़ाना' गीत नेहरू कालीन भारत की सामुदायिक विकास की योजना की स्मृतियाँ ताजी कर देता है। यह विचारणीय है कि फ़िल्म के खलनायक को आधुनिक प्रौद्योगिकी के संवाहक की भूमिका में चुना गया। यदि नये दौर का आगाज़ ग्राम समाज के विनाश के संदेश के साथ हुआ तो औद्योगिक विकास का कोलाहल (नेहरू) ग्रामीण पुनरुत्थान के उत्साह (गाँधी) में कहीं न कहीं मद्धिम सुनाई पड़ता है।

स्वतंत्रता के बाद ग्राम-विषयक फ़िल्में बनाये जाने का अन्य कारण था साहित्यकारों, फ़िल्मकारों तथा संस्कृत कर्मियों के 'यथार्थवाद के प्रति बढ़ता आकर्षण'। 30 तथा 40 के दशकों में भारतीय लेखकों ने अपने-अपने अंतर्मन को टटोला। शहरी सेवकों ने महसूस किया कि वह ग्रामीण भारत (असली भारत) की

सच्ची तस्वीर प्रस्तुत करने में असमर्थ थे। सुमिता चक्रवर्ती के अनुसार उक्त आत्मानुभूति ने जिस यथार्थवाद को जन्म दिया वह भारत की दार्शनिक और सौंदर्यशास्त्रीय परंपराओं के लिए बिल्कुल नया था।[12] यूरोपीय नव यथार्थवादी विचारों से अभिप्रेरित स्वातंत्र्योत्तर कालीन सिनेमा भी असली भारत को ग्राम-समाज में तलाशने लगा। विमल राय, जिया सरहदी, ख़्वाजा अहमद अब्बास वी. शाँताराम, नितिन बोस तथा महबूब सरीखे निर्देशकों ने समय-समय पर जारी किये वक्तव्यों में यथार्थवाद के लिये प्रतिबद्धता ज़ाहिर की।[13] हालाँकि यहाँ बतला देना प्रासंगिक होगा कि यथार्थवाद के बारे में सबकी राय अलग-अलग थी। इप्टा के उद्घाटन भाषण (1943) में अब्बास ने यथार्थवाद के संदर्भ में मजदूरों के भविष्य से जुड़कर एक नई दुनिया के निर्माण की बात कही थी तो फ़िल्म फेयर पत्रिका में 1955 में प्रकाशित एक लेख में विमल राय ने स्पष्ट कहा कि यथार्थवाद कोई 'मानवीय परिस्थिति' न हो कर महज़ 'आत्मबोध' था। बहरहाल यथार्थ की खोज में प्रयत्नशील स्वातंत्र्योत्तर कालीन फ़िल्मकार फ़िल्म आख्यान में गीत-नृत्यों को शामिल करने का लोभ त्याग नहीं सका।

भारत की कतिपय रूप से सच्ची तस्वीर प्रस्तुत करने का प्रयास 70 के दशकों में कलात्मक समानान्तर, नयी लहर के सिनेमा संदर्भ में देखा जा सकता है। विशेष रूप से उल्लेखनीय हैं ग्रामीण परिवेश को उजागर करने वाली तीन फ़िल्में—अंकुर (1974), निशान्त (1975) तथा मंथन (1976) है। अंकुर का नायक सूर्या (अनंत नाग) परीक्षा में अनुत्तीर्ण होने के बाद गाँव लौट आता है, पास में लक्ष्मी (शबाना आज़मी) अपने गूँगे पति किश्तैया (साधु मेहर) के साथ रहती है। लक्ष्मी जमींदार के घर में नौकर है। सूर्या के साथ सम्बन्ध होने के कारण वह गर्भवती हो जाती है। उधर किश्तैय्या को चोरी के इल्जाम में जमींदार के घर से निकाल दिया जाता है। किश्तैया को भ्रम है कि वह अजन्मी संतान का पिता है। वह उत्साहित हो कर सूर्या के घर की तरफ चल देता है। सूर्या खेत की मेंड़ पर खड़ा है। वह दूर से देखता है कि किश्तैया उसकी तरफ चला आ रहा है। किश्तैया के हाथ में एक डंडा है। सूर्या डर गया। उसे लगा कि किश्तैया उस पर हमला करने जा रहा है। उसने किश्तैया पर धावा बोल कर उसे लहूलुहान कर दिया। बाद में लक्ष्मी अपने पति को बचा लेती है। फ़िल्म का अंत अत्यंत मार्मिक दृश्य से होता है। एक छोटा बच्चा किश्तैया को पिटते देख रहा है। लक्ष्मी के बीच-बचाव के बाद जब जमींदार अपने घर के किवाड़ बंद कर लेता है तो प्रतिरोध स्वरूप बालक उस पर पत्थर फेंक देता है।

श्याम बेनेगल की फ़िल्म 'अंकुर' की फ़िल्म समीक्षकों ने सर्वत्र रूप से प्रशँसा

की। अंतिम दृश्य को विशेष तौर पर सराहा गया। मानो बेनेगल कहना चाह रहे हों कि यदि सामंती शोषण को समाप्त नहीं किया गया तो भावी पीढ़ियाँ विद्रोह के लिए तत्पर हो जायेंगी। केवल सत्यजित राय अकेले व्यक्ति हैं जिन्होंने फ़िल्म को उसकी 'कृत्रिमता' के लिए नकार दिया।[13] राय के अनुसार यदि सहज रूप से अंकुर के आख्यान को अंजाम तक पहुँचने दिया गया होता तो फ़िल्म का समापन अंध गली में होता।[14] पुनः बेनेगल की फ़िल्म में सामंती रिश्तों का निरूपण सतही तौर पर किया गया है। ऐसा प्रतीत होता है कि सूर्या सामंतवाद से अधिक शहरी प्रदूषण का प्रतीक अधिक है।[15]

बेनेगल की दूसरी फ़िल्म 'निशांत' है। इसकी पटकथा प्रख्यात मराठी रंगकर्मी विजय तेंदुलकर द्वारा लिखी गई थी। निशांत, सामंती उत्पीड़न और उसके विरुद्ध किसानों द्वारा आयोजित विद्रोह की कहानी है। गाँव पर अन्ना और उसके तीन भाइयों का दबदबा है। विश्वम (नसीरुद्दीन शाह) सबसे छोटा है। विश्वम अपने भाइयों की तरह नहीं है। किन्तु वह अकेला क्या करे, उधर अन्ना और उसके दो भाई (अनंत)। गाँव में एक नए अध्यापक (गिरीश करनाड) का तबादला होता है। अध्यापक अपनी पत्नी सुशीला (शबाना आज़मी) और पुत्र के साथ स्कूल के परिसर में स्थित छोटे से घर में रहने लगता है। एक दिन अन्ना के भाइयों की सुशीला पर कुदृष्टि पड़ गई। वह उसे अगवा कर लेते हैं। बलात्कार के बाद सुशीला अन्ना के घर में दासी की तरह रहने लगती है। एक दिन पति के साथ अकस्मात मुलाकात हो जाने पर वह उसे नामर्द पुकार कर अपमानित करती है। तदुपरान्त, अध्यापक किसानों को संगठित करने लगता है। गाँव के सैकड़ों किसान लाठी लेकर जमींदार के घर की ओर रुख करते हैं। विश्वम को छोड़ कर (जो सुशीला के साथ पहाड़ों की तरफ पलायन करता है) एक-एक कर अन्ना और उसके भाइयों को मार डाला जाता है। हिंसा के दृश्यों को संपूर्ण भयावहता के साथ प्रस्तुत कर बेनेगल दर्शकों को नई चाक्षुष अनुभूति के लिए तैयार करते हैं। अध्यापक, औपनिवेशिक आधुनिकता का प्रतीक है। बेनेगल दर्शकों को बताने में पूरी तरह नाकामयाब हैं कि आधुनिक/शहरी नेतृत्व को स्वीकार करने के लिए किसान क्यों तैयार हो जाते हैं। चूंकि वह ऐसा नहीं कर सके इसलिए बेनेगल का कृषक विद्रोह देश-काल निरपेक्ष हो जाता है, यही उनके यथार्थवाद की कमजोरी भी है।[16]

'अंकुर' तथा 'निशाँत' का निर्माण उस दौर में किया गया जब भारत के बौद्धिक समाज को विश्वास था कि ग्रामीण व्यवस्था को समझने के लिए 'सामंतवाद' जैसा विचार पर्याप्त है। सामंतवाद का एक मात्र अंतर्विरोध वर्ग-विभाजन माना जाता

था, जिसे वर्ग-संघर्ष के रूप में देखा गया। ज़ाहिर है वर्ग-संघर्ष को सामाजिक परिवर्तन का एकमात्र तरीक़ा वाले बेनेगल उस वैचारिक दायरे से बाहर नहीं निकल पाये जिसका प्रचार भारतीय वामपंथ एक अरसे से करता आया था। इसलिए कृषक समाज में दलित तथा स्त्रियों को पृथक चिह्नों के रूप में पहचाना नहीं जा सका। साथ ही बेनेगल की दृष्टि आधुनिकतावादी है। दोनों फ़िल्मों में ग्रामीण जीवन की एकाँतमयता और जड़ता को भंग करने के लिए बाहरी (शहरी) हस्तक्षेप की आवश्यकता को अनुरेखित किया गया है। इस तरह यह फ़िल्में हमें कार्ल मार्क्स के आलेख The British Rule in India की संकीर्ण व्याख्या बन कर रह जाती है जिसमें भारतीय ग्राम समाज की जड़ता को तोड़ने के लिए ब्रिटिश (पूँजीवादी) हस्तक्षेप को सकारात्मक तथा वांछनीय घोषित किया गया था।[17]

ग्रामीण जीवन पर प्रकाश डालने वाली तीसरी फ़िल्म 'मंथन' है जिसे इतिहास और समकालिकता की दृष्टि से बेहतर और सुरुचिपूर्ण माना जा सकता है। मंथन का निर्माण आपातकाल (1975-1977) में हुआ था। इसलिए उसमें आपातकाल की तथाकथित उपलिब्धों को न केवल चिन्हित किया गया बल्कि आपातकाल की सर्वाधिक शक्तिशाली उपस्थिति नौकरशाही को ग्रामीण भारत विकास के हस्तक्षेप का आधार मान लिया। मनोहर राव (गिरीश करनाड) को शहर से भेजा गया है ताकि वह गाँव में सहकारी दुग्ध उत्पादन की व्यवस्था कर सके। किन्तु गाँव के सभी दूध के उत्पादक जमींदार गंगानाथ मिश्र (अमरीश पुरी) को दूध बेचते हैं। एक सार्वजनिक सभा में ग्रामवासियों को सहकारिता से मिलने वाले लाभ की सूचना दी जाती है। गंगानाथ तथा सरपंच आशंकित हैं जिस पर राव दलितों को पंचायत के चुनावों में भाग लेने के लिए उकसाते हैं अंत में एक दलित उम्मीदवार चुनाव जीत जाता है। सरपंच तथा गंगानाथ मिल कर राव के तबादले की कोशिश करते हैं। यद्यपि राव का तबादला हो जाता है फिर भी संरपंच तथा गंगानाथ सहकारी आँदोलन को पूर्णतया कुचलने में नाकामयाब हो जाते हैं। इस प्रकार मंथन ग्राम समाज की समस्याओं की निशानदेही के लिए सामंतवाद की कठोर आलोचना से कतराते हुए साधन (Agency) को अधिक महत्त्व देती है। किन्तु अगर विकास का साधन शहर से भेजा गया सरकारी अधिकारी है तो क्या यह मान लिया जाए कि सरकारी हस्तक्षेप से ग्राम समाज के सभी अंतर्विरोध खुद-ब-खुद समाप्त हो जाएँगे।

बेनेगल की तीनों फ़िल्मों के बारे में अंतिम बात। तीनों फ़िल्मों का चरित्र डाक्युमेंट्री चित्र सरीखा है। यदि कहा जाए कि बेनेगल ने भारतीय ग्राम की तस्वीर प्रस्तुत करने की जगह पर डाक्युमेंट्री शैली में यथार्थवाद की आधुनिकतावादी (यूरोपीय) समझ को पर्दे पर उतारने की कोशिश की है तो अतिशयोक्ति नही होगी।

वैसे भी सत्तर के दशक में ऐसे कई शहरी बुद्धिजीवी थे जो ग्रामीण भारत और उसको बदलने के विषय में खास किस्म की दृष्टि रखते थे।

बेनेगल की सोच के बारे में एक अन्य टिप्पणी करना जरूरी है। 'अंकुर' और 'निशाँत' में ग्रामीण भारत का चेहरा बदलने के लिए वर्ग-संघर्ष की वकालत करने वाले बेनेगल ने एकाएक 'मंथन' जैसी फ़िल्म बना कर बूर्जुवा राज्य के समक्ष घुटने क्यों टेक दिये। आपातकालीन भारतीय राज्य की नौकरशाही का चरित्र लेनिन के सोवियत राज्य की नौकरशाही से पूर्णतया भिन्न था किन्तु बेनेगल द्वारा आपातकालीन भारतीय राज्य और उसकी नौकरशाही को विकास और संक्रमण का आधार मान लेना विमर्श के स्तर पर विभ्रम की स्थिति उत्पन्न करता है। जहाँ तक कलात्मकता का प्रश्न है तीनों में कोई भी ऐसी फ़िल्म नहीं है जिसने आख्यान की भाषा तथा व्याकरण को समृद्ध बनाया हो। समानाँतर सिनेमा शुरू होने से पहले ही महबूब, अब्बास, विमल राय, राज कपूर, गुरुदत्त आदि ने शॉट रचना, दृश्य निबंधन, प्रकाश सज्जा तथा मोंताज में जैसे प्रयोग किये थे, बेनेगल की फ़िल्में उनसे पूरी तरह महरूम रहीं। केवल कहानी की अंतर्वस्तु को बदलना काफ़ी नहीं है।

70 से लेकर 90 तक के दशकों में अलग-अलग रूपकों में क्रूर जमींदार/धूर्त महाजन/चालाक ब्राह्मण/असहाय दलित ग्रामीण भारत, हिन्दी सिनेमा के आख्यान में मौजूद रहा। इसके अलावा फ़िल्मकारों ने उपनिवेशकालीन सिनेमा के बिम्बों जैसे आधुनिक/भ्रष्ट/शहरी नायक तथा पूर्व आधुनिक/पवित्र/ग्रामीण नायिका का भरपूर प्रयोग किया। किन्तु शताब्दी समाप्त होने से पहले बनी कुछ फ़िल्मों (परदेस, 1995, दिलवाले दुलहनिया ले जायेंगे, 1995 तथा ब्राइड एण्ड प्रेजडिस 2004) के ग्रामीण भारत की परिकल्पना फिर बदल गई। इस बार परिचित रूपकों को त्याग कर ऐक्शन की स्थली पंजाब के लहलहाते खेत चुने गये। इन खेतों के मालिक समृद्ध कृषक परिवार हैं जो 70 के दशक में होने वाली हरित क्रांति से प्रत्येक रूप से लाभान्वित हुए थे। आश्चर्य है गुलजार की फ़िल्म माचिस (1996) को छोड़ कर किसी फ़िल्म में ग्रामीण पंजाब से परतें उठाने की कोशिश नहीं की गई, नहीं तो संभवतः भारतीय राज्य तथा खालिस्तान आंदोलन के अन्तःसम्बन्धों की सच्चाई का पर्दाफाश हो जाता। आशुतोष गोवारिकर ने लगान (2000) के जरिये ऐक्शन को दोबारा ग्रामीण भारत में वापस लाने की कोशिश की। किन्तु लगान क्रिकेट और स्वाधीनता के बारे में फ़िल्म है ग्रामीण भारत के बारे में नहीं। इसलिए उसमें संक्रमण/परिवर्तन के संदर्भों को ढूँढ़ना अर्थहीन होगा।

बॉलीवुड के दौर में आशुतोष गोवारिकर के निर्देशन में बनी 'स्वदेस' (2004)

पहली फ़िल्म है जो भारतीय राज्य के विकास सम्बन्धी ऐजेण्डे को 1950 के दशक की आर्थिक बहस में अवस्थिति करती है। इसके लिए वह बॉलीवुड के स्थायी रूपक प्रवासी भारतीय का भरपूर इस्तेमाल करता है। 'स्वदेश' मोहन भार्गव (शाहरुख खान) की भारत वापसी की गाथा है जो उसे दोबारा अपनी माँ (भारत माता) से मिलने का अवसर प्रदान करती है। मोहन अमेरिकी संस्था नासा (NASA) में काम करता है। वह बचपन में ही अनाथ हो गया था। उसकी देखभाल कावेरी अम्मा (किशोरी वल्लाल) ने की थी। वह उसे अपनी माता तुल्य मानता है। बूढ़ी कावेरी अम्मा अब चरणपुर नामक छोटे से गाँव में रहती है। वृद्धावस्था में भी वह दो अनाथ बच्चों गीता (गायत्री जोशी) तथा उसके भाई चीकू (स्मिन सेठ) का पालन-पोषण कर रही है। एक प्रकार से कावेरी अम्मा ही भारत माता का प्रतीकात्मक (Iconic) रूप हैं।

चरणपुर में मोहन का प्रवेश अत्यन्त नाटकीय ढंग से होता है। वह अमेरिकी सिगरेट तथा बोतलबंद पानी पीते तथा बसनुमा गाड़ी (जिसमें बेड, रेफ्रिजरेटर मौजूद है), चलाते धूल भरी गलियों में दिखलाई पड़ता है। जैसा उससे एक साधु ने पहले कहा था मोहन रास्ते से भटक चुका है। चरणपुर में एक अद्‌भुत आकर्षण है जो उसे मीलों दूर खींच लाया है। शायद चरणपुर भी उनकी तरह अनाथ है, आधुनिकीकरण की अधूरी परियोजना की संतान। दूसरी ओर चरणपुर कावेरी अम्मा का घर भी है। इस नगर से वह अपने घर लौटा है चरणपुर में गीता भी है। गीता उन चुनिंदा युवतियों में है जो शहर में पढ़ी-लिखी होने के बाद भी गाँव मे रहकर काम करना पसन्द करती है। वह मोहन की अमेरिकी जीवन शैली के प्रदर्शन से प्रभावित नहीं हो सकी है, उसका मानना है कि भारत में परिवर्तन गाँव से प्रारंभ होना चाहिए तथा बच्चे उसका आधार बनें। लिहाज़ा वह एक छोटी सी पाठशाला में पढ़ाने लगती है। एक बार गीता के स्कूल में मोहन ने किसी अध्यापक को गाँधी जी की ग्रामोद्धार की योजना के बारे में व्याख्यान देते सुना, उसे पहली बार एहसास हुआ कि चरणपुर के बारे में उसे अधिक संजीदा तौर पर सोचना पड़ेगा।

चरणपुर की सच्चाई से वह दूसरी बार तब रूबरू होता है जब पंचायत के एक सत्र में उसे बैठने का मौका मिलता है, उसे विश्वास हो चला कि बच्चों की शिक्षा ही विकास का प्रमुख लक्ष्य होना चाहिए। संयोग से गीता की मंजिल भी यही है। इस प्रकार शिक्षा को प्राथमिकता देकर गोवारिकर अपनी फ़िल्म को राष्ट्रीय आँदोलन के दौरान चलाये जा रहे सुधार तथा विकास के अभियानों से जोड़ने की कोशिश करते हैं।

इस बीच मोहन को पड़ोस के गाँव जाने का मौका मिलता है। दरअसल उसके

जाने का कारण है गीता जिसे काश्तकार परिवार से लगान मिलती है। इस बार गीता ने मोहन को लगान वसूलने भेजा है। मोहन ने पहली बार गरीबी को इतने नज़दीक से देखा। काश्तकार का परिवार निर्धन है लेकिन वह मोहन का सत्कार करने में जरा भी नहीं हिचकते हैं। सुमिता चक्रवर्ती के अनुसार निर्धनता का महिमा मंडन जरूरी है ताकि "पाश्चात्य पद्धति पर आधारित विकास से जुड़े लालच, स्वार्थ तथा व्यक्तिवादिता" को मुँह तोड़ जवाब दिया जा सके।[18]

फ़िल्म में होने वाली एक और घटना का उल्लेख किया जाना जरूरी है। वापस लौटने पर मोहन जब अन्य ग्रामवासियों के साथ फ़िल्म देख रहा होता है तो एकाएक बिजली चली जाती है। संयोग से गाँव में एक पुराना टरबाईन इंजन बेकार पड़ा हुआ है। गाँव वालों की मदद से मोहन उसे दोबारा चालू करने में सफल हो जाता है। चरणपुर के विद्युतीकरण की प्रक्रिया हमें नेहरू के काल में क्रियान्वित बाँध परियोजनाओं की याद दिलाती है। बी0आर0 चोपड़ा ने इस बिम्ब को नया दौर में अत्यन्त प्रभावशाली तरीके से इस्तेमाल किया था। फ़िल्म के अंत में मोहन अमेरिका लौटने का विचार छोड़ देता है। वह गीता के साथ विवाह कर ग्रामीण भारत के पुनरुद्धार का स्वप्न साकार बनाने में प्रयत्नशील हो जाता है। कुल मिलाकर स्वदेस ने स्वातंत्र्योत्तर काल में छिड़ी विकास की बहस में सकारात्मक हस्तक्षेप का प्रयास किया। प्रवासी भारतीय की सहायता से भारतीय ग्राम व्यवस्था का पुनर्जीवन एक नायाब सुझाव है। किन्तु नेहरूवादी ढंग से हस्तक्षेप की वकालत कर स्वदेस वैश्वीकरण के दौर में उपजे नये विमर्शों से दूर होती चली गई। अंततोगत्वा गोवरीकर कावेरी अम्मा तथा गीता के पात्रों के साथ भी न्याय नहीं कर पाये। वैश्वीकरण के दौर में विकास के संदर्भ में ग्रामीण नारी की जगह को निर्धारित करना अत्यंत आवश्यक है। हॉल ही में प्रकाशित एक लेख में रशिम साहनी ने साईं पराँजपे की फ़िल्म 'दिशा' (1990) तथा अरुणा राजे की फ़िल्म 'रिहाई' (1994) के हवाले से सिनेमाई आख्यान में नगर-ग्राम की रस्साकशी में नारी बिंब की अर्थपूर्ण भूमिका को उजागर किया।[19] नये माहौल में जमींदार/किसान, आधुनिकता/परंपरा, शहरी संस्कृति/ग्रामीण संस्कृति की जड़ व्याख्याओं से ऊपर उठना जरूरी है।[20] 'दिशा' और 'रिहाई' में नारी बिंब को नये ढंग से निरूपित करने की संभावनाओं को टटोला गया है, यदि स्वदेस ऐसा कर पाती तो वह वर्तमान शताब्दी की जीवन पंजिका कहलाई जाती।

स्वदेस के बाद यदि हम किसी ग्राम विषयक फ़िल्म की चर्चा कर सकते हैं तो 2008 में बेनेगल के निर्देशन में बनी 'वेलकम टू सज्जनपुर' (2008) है। सतना कालेज का स्नातक महादेव (श्रेयस तलपडे) बेरोजगार है। उसके गाँव में अधिकतर

लोग निरक्षर हैं। कई नौकरी की तलाश में शहर चले गये हैं। गाँव में पत्र लिखना और पढ़ना कोई नहीं जानता। महादेव उनकी सहायता करता है। यहीं उसकी आजीविका भी है। गाँव में कमला (अमृता राव) रहती है जिसे वह बचपन से प्रेम करता आया है। लेकिन कमला का विवाह बंसी (कुणाल कपूर) से हो जाता है जो मुम्बई बंदरगाह में काम करता है। अब कमला उसकी ग्राहक है। कहानी में विंध्या (दिव्या दत्ता) की माँ रामसरवी (इलाअरुण), कंपाउंडर रामकुमार (रवि किशन) तथा एक अवकाश प्राप्त सैनिक की बेवा पुत्री शोभा रानी (राजेश्वरी सचदेव) हिजड़ा मुन्नीबाई (रवि झंकन) अलग-अलग कारणों से महादेव के जीवन का अंग बन चुके हैं। महादेव चाहता है कि वह अपने ही गाँव के दिलचस्प किरदारों को पिरो कर एक उपन्यास लिखे। अंततोगत्वा फ़िल्म कई हास्यपूर्ण घटनाओं से गुजरते हुए उस बिंदु पर पहुँचती है जहाँ रामकुमार का मांगलिक विंध्या के साथ रिश्ता प्रेम में बदल जाता है। विंध्या के मन को जीतने के लिए वह उसे चालीस पत्र लिखता है। अंत में दोनों का विवाह हो जाता है। हालाँकि फ़िल्म के अन्य पात्रों की कहानी का सुखान्त नहीं होता है। महादेव ने गाँव में ही विशाल घर बना लिया है। अब वह अपने उपन्यास को अंतिम रूप देने के लिए तैयार है।

यथार्थवाद की दुहाई देने वाले श्याम बेनेगल की कृति 'वेलकम टू सज्जनपुर' ग्रामीण भारत की पैरोडी है। 'अंकुर', 'निशांत', 'मंथन' सरीखे संस्कृतनिष्ठ नामों से सुशोभित बेनेगल की फ़िल्मों को वैश्वीकरण के दौर में संक्रमित होने में देर नहीं लगी। पच्चीस वर्ष पहले बेनेगल की फ़िल्मों के लिए वेलकम टू जैसे शब्दों का प्रयोग अकल्पनीय था। वेलकम टू सज्जनपुर में ग्राम व्यवस्था के स्टीरियोटाइप बिम्ब (सामंत/महाजन/किसान) नदारद हैं। यदि बेनेगल वेलकम की कहानी को नगरीय परिवेश में भी सुनाते तो विशेष फर्क नहीं पड़ता। वैश्वीकरण के दौर में जब पलायन, प्रवास तथा विस्थापन भारत के समकालीन इतिहास के ज्वलंत मुद्दे बन चुके हैं तो वेलकम के निर्देशन से बेनेगल क्या यह कहना चाह रहे थे कि भविष्य में ग्राम हिन्दी सिनेमा की डायजेस्टिक स्पेस से स्थायी तौर पर स्थानांतरित हो चुका होगा अथवा हास्यानुकृति के रूप में उपस्थित रहेगा। यह विचारणीय प्रश्न है।

यदि भारत में औपनिवेशिक हस्तक्षेप न हुआ होता तो राष्ट्रीय विमर्श में ग्राम समाज को वैसी केंद्रीयता न मिलती जैसी उसे बीसवीं शताब्दी के आरंभ में मिली थी, किन्तु ग्रामीण भारत की खोज का श्रेय राष्ट्रीय साहित्य को नहीं जाता है। दरअसल उन्नीसवी शताब्दी के आरंभ से ही प्राच्यवादियों ने यह सिलसिला शुरू किया था। मसलन मोनियर विलियम्स ने 1883 में लिखा कि भारत की प्राचीनता और स्थायित्व को उसके ग्राम समाज में देखा जा सकता है जो मनु संहिता में वर्णित

अपरिवर्तित रूप में मौजूद है।[21] इसी प्रकार कार्ल मार्क्स ने भी ग्राम को भारतीय इतिहास की कालजयी व्यवस्था के रूप में शिनाख्त दी थी।[22] मार्क्स के समकालिक हेनरी मेन को विश्वास था कि भारतीय ग्राम को जिस रूप में आर्यों ने बसाया था उन्नीसवीं शताब्दी में उसे कमोबेश वैसा ही देखा जा सकता था।[23]

प्राच्यवादियों की बौद्धिक विरासत का दादा भाई नौरोजी, रमेश चन्द्र दत्त तथा महात्मा गाँधी द्वारा भरपूर इस्तेमाल किया गया। कालाँतर में संस्कृतिकर्मियों ने पाश्चात्य मूल्यों के निर्बाध प्रहार से आहत भारतीय सभ्यता के मर्म को ग्राम समाज के रूप में पहचाना। वह उसकी पवित्रता को बचाये रखने के लिए हर प्रकार से दृढ़-संकल्पित हो उठे। इस मनोवृत्ति को राष्ट्रीय साहित्य, चित्रकला, नाट्यकर्म तथा सिनेमा में अलग-अलग समय पर देखा जा सकता है। वर्तमान में जब समस्त सांस्कृतिक सोच ही संक्रमित होती जा रही है तब ग्राम समाज की आदर्श परिकल्पना को बर्करार रखना मुश्किल होता चला जायगा। ऐसे में यदि सिनेमाई स्पेस में ग्राम अतीत के रूमानी अलंकार या बिसरे पद चिह्न के रूप में दिखाई पड़े तो हमें आश्चर्य नहीं होना चाहिए।

अध्याय पाँच

सिनेमा में शहर/शहर में सिनेमा

हेनरी लेफाव्र

सिनेमा में शहर/ शहर में सिनेमा

सिनेमा का जन्म आधुनिकता और औपनिवेशिकता के उत्ताल दौर में हुआ था। वह एक विरोधाभास से भरा माहौल था क्योंकि जब आधुनिक यूरोप आर्थिक समृद्धि से उत्पन्न राजनैतिक आकाँक्षाओं की ऊँचाइयों का स्पर्श कर रहा था तब एशिया और अफ्रीका उत्तरोत्तर रूप से दासता के पाश में जकड़ते जा रहे थे। किन्तु दुनिया को एक विरोधाभास अभी और देखना था। यूरोपीय तथा गुलाम देशों में लगभग एक ही समय पर सिनेमा का जन्म होना। इसलिए सिनेमा हमेशा आधुनिकता की संतान ही कहलाया जाएगा, चाहे गुलाम देशों में आधुनिकता की उत्पत्ति क्यों न औपनिवेशिकता के गर्भ से हुई हो। औपनिवेशिकता के दौर में एक अन्य प्रवृत्ति परिलक्षित हुई—औद्योगिक पूँजीवाद की छत्रछाया में नए नगरों की स्थापना तथा पुराने नगरों का पुनर्निर्माण। सिनेमा को आधुनिक/उपनिवेशकालीन नगरों का हिस्सा बनने में जरा भी वक्त नहीं लगा। वह शहरी जीवन की तमाम असंगतियों को बटोरते हुए आधुनिकता का जीवंत दस्तावेज बन गया। दूसरे शब्दों में, आरम्भ हुआ शहर और सिनेमा के मध्य कभी खत्म न होने वाला एक दीर्घ संवाद। क्रैकुअर तो यहाँ तक मानते हैं कि सिनेमा शहर की कहानी कहता है इसलिए उसे वैसे ही समझा जाना चाहिए जैसे शहर को।[1] अध्याय के अग्र भाग में हम पहले शहर की चर्चा करेंगे। तत्पश्चात शहर के साथ सिनेमा के संवाद की ओर मुख़ातिब होंगे।

प्रसिद्ध फ्राँसीसी समाजशास्त्री हेनरी लेफाब्र के अनुसार आधुनिक शहर का परोक्ष सम्बन्ध उस प्रक्रिया से है जिसे औद्योगीकरण कहा जाता है।[2] पूर्व आधुनिक शहरों से दूरी बनाते हुए वह, औद्योगीकरण से उत्पन्न शहरों को नई राजनैतिक और सामाजिक ऊर्जा का केन्द्र घोषित करते हैं। ऐसे केन्द्र जहाँ न केवल दौलत संग्रहित होती है बल्कि ज्ञान, तकनीक एवं कला का विनियोजन भी।[3] पुनः बेशुमार प्रतिष्ठा,

अपार धन-दौलत और आनंद की अनेकानेक वस्तुओं से परिपूर्ण शहर उत्सव प्रियता का प्रतीक हैं।[4] अर्थात् शहर का महत्त्व इस बात में है कि वह उपादेयता (utility) का आधार-बिन्दु है तथा विनिमय (exchange) का केन्द्र भी।[5] अंततोगत्वा शहर की तुलना ग्राम से करते हुए लेफाब्र इशारा करते हैं कि शहर भौतिक उत्पादन (जो ग्राम व्यवस्था की विशेषता भी है) के साथ-साथ बौद्धिक उत्पादन के कारण पहचाने जाते हैं।[6]

शहर में रहने वाला हर नागरिक महानगरीय/ग्लोबल (Cosmopolitan) जीवन शैली का आदी होता है जो उसे एक अभिजात्य व्यवहार का मौका देती है। किन्तु दूसरी ओर शहरी जीवन तरह-तरह के अंतर्द्वन्द्वों से भरा भी है। उदाहरणस्वरूप, आशा, निराशा, सम्पन्नता, विफलता, हिंसा, शांति, एकांतता, शोर, साक्षरता, निरक्षरता, गगनचुंबी इमारतें, झोपड़पट्टियाँ इत्यादि। उपरोक्त असंगतियों को देखकर चिंतक बेरमन यह कहने के लिए विवश हो गये कि पूरी तरह आधुनिक तभी हुआ जा सकता है जब हम आधुनिकता विरोधी हो जाएँ।[7]

शहर की स्थान-विषयक (Spatial), जटिलता, विविधता और गतिशीलता को मीज़-आँ-सीन (Mis-en-scene), लोकेशन शूटिंग, लाइटिंग, सिनेमैटोग्राफी तथा सम्पादन की मदद से दर्ज करने में अभूतपूर्व क्षमता दिखलाई है।[8] चाहे वह वाल्टर बेंजामिन हों या जाँ बौद्रीआ, शहर की चाक्षुषता और श्रव्य संवेदना को सिनेमा द्वारा खूबसूरती से निरूपित किये जाने पर आश्चर्य प्रकट कर चुके हैं।[9] यही नहीं सिनेमा ने अनेकानेक शहरों के साँस्कृतिक भूगोल और नागरिक पहचानों के निर्माण में महत्त्वपूर्ण योगदान दिया है। जाँ बौद्रीआ के अनुसार यूरोप के शहरों को देखकर लगता है कि वह वीथिकाओं में लगे चित्रों की उपज है जबकि अमेरिकी शहरों को देखकर लगता है कि वह हॉलीवुड की देन हैं।[10] शहर और सिनेमा के अन्तःसम्बन्धों की अन्य पहल को उजागर करना उपयोगी होगा। सामान्यतः पूर्व आधुनिक शहरों को उनकी समग्रता में जाना जा सकता था क्योंकि उनकी संरचना तथा बनावट अपेक्षाकृत सरल थी। किन्तु आधुनिकता ने काल तथा स्थान को खण्डित करते हुए शहर को एक जटिल परिघटना में बदल दिया। सिनेमा का जन्म भी इसी परिघटना के एक संदर्भ के रूप में हुआ।[11]

शहरी जीवन कामनाओं (Desires) से परिपूर्ण है। शहरवासी कामनाओं का परित्याग नहीं करना चाहते। सामाजिक, आर्थिक तथा राजनैतिक विषमताओं के बीच रहने वाले लोग भी कामनाओं से अलग नहीं हैं। दरअसल कामनाओं का प्रकटीकरण ही अर्थपूर्ण परिघटना है।[12] शहरवासी कामनाओं में आनंद ढूँढ़ता है।

आनंद की अवस्था जूइशाँस है।[13] जूइशाँस (Jouissance) तक पहुँचने के लिए वह मृत्यु का विचार त्याग कर अत्याचार तथा शोषण में भी आनंद की तलाश करने लगते हैं चाहे इससे उनकी व्यक्तिगत पहचान ही नष्ट क्यों न हो जाए।[14] हिन्दी सिनेमा में बावजूद शहरी विषमता, तनाव, त्रासदी और अवसाद के आनंदपूर्ण सह-अस्तित्व प्रदर्शित होता दिखलाई पड़ता है।

हिन्दी सिनेमा में तीन प्रकार से शहर की केन्द्रीयता को स्थापित किया गया है। प्रथम शहर तथा गाँव के मध्य विभाजन को उजागर कर यदि शहर अपराध, भ्रष्टाचार, कलह, विषमता और द्वंद्व का प्रतीक है तो ग्राम पवित्रता, शुद्धता, सच्चाई और उच्च मानवीय मूल्यों का। शहर/गाँव को द्वयाँगी (Binary) बिम्बों की भाँति रच कर कोई विशेष पहल नहीं की। इससे पहले साहित्य भी शहरी जीवन का खण्डन तथा ग्रामीण जीवन की महिमा बयान कर चुका था। फर्क सिर्फ इतना है कि सिनेमा निरक्षर पाठकों (दर्शकों) को भी उपलब्ध था। मेहनतकश और मजदूर वर्गों के लिए ऐसी फ़िल्में विशेष आकर्षण का केन्द्र बनीं जिनके नायक ग्रामीण पृष्ठभूमि के थे और जो शहर पहुँच कर कामयाब हुए थे। ऐसे दर्शक फ़िल्मी आख्यान के नायक की यात्रा को अपने व्यक्तिगत सफर से जोड़ कर सुरक्षित महसूस करते।

हिन्दी सिनेमा में शहर का दूसरा बिम्ब है तेज रफ़्तार, चकाचौंध और विलासिता का जीवन। चूँकि शहर आधुनिकीकरण का प्रथम पड़ाव हैं अतएव आधुनिक होने के लक्षण सर्वप्रथम शहरों में देखे गए। जगमगाते बल्ब, सड़कों पर दौड़ती गाड़ियाँ, ट्राम और मेट्रो रेल, अत्याधुनिक पोशाकें पहने पुरुष और स्त्री, धड़ल्ले से बोली जाने वाली अंग्रेज़ी ज़बान, पाश्चात्य संगीत, क्लब, बार तथा डिस्को, जुए के अड्डे, रेस कोर्स, मौज मस्ती का आलम, कस्बाई और ग्रामीण क्षेत्रों के दर्शकों के लिए मानो विशाल चुम्बकों का काम करते हों। शहर के इंद्रजाल से बचना बहुत मुश्किल है। दर्शक जितने पिछड़े इलाके का हो उतना ही दिलकश होता है उसका शहरी सपना। उसी में छिपी होती हैं सैकड़ों आकांक्षाएँ जो यथार्थ में पूरी हों न हों, कम से कम तीन घण्टे की फ़िल्म में पूर्ण होने की उम्मीद तो जगाती हैं। शायद इसीलिए आलोचक हिन्दी सिनेमा को फंतासी और पलायनवाद का प्रतीक कहने में जरा भी नहीं कतराते।

रुपहले पर्दे पर शहर को प्रस्तुत करने का तीसरा अंदाज़ भी है। शानो-शौक़त, बेफ़िक्री और मौज-मस्ती के नकाब को धीरे-धीरे उठाते हुए उसके नग्न और घिनौने रूप को प्रस्तुत करना। इस प्रकार सिनेमा स्वयं द्वारा रचे बिम्बों को नष्ट कर आधुनिकता का आलोचक बन जाता है। राज कपूर की फ़िल्म 'आवारा' (1951) से

लेकर हॉल में प्रदर्शित। मधुर भंडारकर की 'फैशन' (2008) और अनुराग कश्यप निर्देशित 'देव डी' (2009) में शहरी आधुनिकता पर तीखे प्रहार किए गये हैं। इस प्रकार सिनेमा आत्मचिंतन की शानदार मिसाल बन जाता है।

हिन्दी सिनेमा में दिखलाये गये शहरों में शायद मुम्बई ही अकेला ऐसा है जो सबसे अधिक दृश्यमान है। मानो संकेत दे रहा हो कि फ़िल्म उद्योग मुम्बई में ही केंद्रित है।[15] भारत के दूर-दराज इलाकों से प्रत्येक वर्ष पहुँचने वाले हजारों परिवारों को रोजगार मिलने के अलावा इस बात की उम्मीद भी है कि वह कभी किसी दिन अचानक किसी फ़िल्मी सितारे से रूबरू हो जाएँगे। शायद ही कोई बंबइया फ़िल्म होगी जिसमें परिचय शॉट के रूप में विक्टोरिया टर्मिनस, मरीन ड्राइव, उच्च न्यायालय, हैंगिंग गार्डेन्स, जुहूवीच, आईलैण्ड इत्यादि न दिखलाया गया हो। यदि वह युवा जीवन पर केंद्रित हैं तो विल्सन कालेज अथवा सोफाया कॉलेज के इर्द-गिर्द की लोकेशन होती है। इसी तरह अगर शहर के अंदर रहते हुए खुले मैदानों, कस्बाई बस्ती या कबीलाई इलाके को दिखलाना हो तो गोरे गाँव स्थित फ़िल्म सिटी की लोकेशन का उपयोग किया जाता है। इस नज़र से देखें तो मुम्बई ही हिन्दी सिनेमा का अलंकार बन जाता है। चाहे वह 1936 में बनी 'मिस फ्रांटियर मेल' हो या 1998 की फ़िल्म 'सत्या', हिंदी सिनेमा के आख्यानात्मक भूगोल में मुम्बई कुछ इस तरह से रचा बसा है कि सिनेमा देखने का अर्थ होता है मुम्बई जाना।[16]

1950 के दशक में बनी हुई फ़िल्मों 'आवारा' (1951), 'श्री 420' तथा 'बूट पालिश' (1954) के नायकों की घुमक्कड़ी प्रवृत्ति के कारण दर्शक मुम्बई की सड़कों, गलियों और बहुमंजिली इमारतों से रूबरू होते हैं। घुमक्कड़ नायक उसी 'फ्लानूर' का प्रतिरूप है जिसकी चर्चा कई बरस पहले वाल्टर बेंजामिन ने की थी।[17] 'फ्लानूर', अर्थात एक ऐसा व्यक्ति जो शहर के भीतर घूमते हुये उसे अपने अनुभव में उतारना चाहता है। तो 'फ्लानूर' दर्शकों को मुम्बई दर्शन के लिए आमंत्रित करता है। वह उन्हें ऐसी जगहों में ले जाता है जिसकी वह कल्पना नहीं कर सकते थे। वह शहर के अंतर्विरोधपूर्ण चरित्र से उन्हें अवगत कराता है। अमृत गंगर के अनुसार हिन्दी सिनेमा ने महसूस किया कि अगर उसे आकर्षक बने रहना है तो शहरी मेहनतकश की जद्दोजेहद को ढकना पड़ेगा।[18] इसलिए ऐसी फ़िल्मों का निर्माण होने लगा जहाँ शहरी जीवन में मौजूद विखण्डन को दिखाने की आवश्यकता ही न पड़े। गंगर का मानना है कि यदि मुम्बई शहर का वास्तविक चेहरा देखना ही है तो कुमार शाहनी तथा मणि कौल की फ़िल्में पर्याप्त हैं।[19]

1956 में बनी सी.आई.डी. पहली हिन्दी फ़िल्म है जिसमें मुम्बई महानगरी का गीत के जरिए श्रद्धापूर्ण अभिवादन किया गया है। ओ.पी. नय्यर द्वारा संगीतबद्ध

मजरूह सुल्तानपुरी का वह मशहूर गीत मुम्बई को परत-दर-परत खोलता है :

ऐ दिल है मुश्किल जीना यहाँ
जरा हट के जरा बच के ये है बाम्बे मेरी जाँ
कहीं बिल्डिंग, कहीं ट्रामें, कहीं मोटर कहीं मिल
मिलता है यहाँ सब कुछ, इक मिलता नहीं दिल
इन्सान का नहीं नामो-निशान यहाँ
जरा हट के जरा बच के ये है बाम्बे मेरी जाँ
कहीं सट्टा कहीं पट्टा कहीं चोरी कहीं रेस
कहीं डाका कहीं फाका कहीं ठोकर कहीं ठेस
बेकारों के हैं कई काम यहाँ
जरा हट के जरा बच के ये है बाम्बे मेरी जाँ
बेघर को आवारा यहाँ कहते हँस हँस
खुद काटें गले सबके कहें इसको बिज़नेस
इक चीज के हैं कई नाम यहाँ
जरा हट के जरा बच के ये है बाम्बे मेरी जाँ

जवाहर लाल नेहरू के प्रजातान्त्रिक भारत की तथाकथित उलब्धियों को लक्षित करता यह गीत[20] महानगरीय जीवन को बेनकाब करने वाला महत्त्वपूर्ण उदाहरण बन जाता है। मसखरे गायक (जॉनीवाकर) की नज़रों से मुम्बई की हकीकत (वर्ग संघर्ष) साफ़ दिखाई पड़ रही है। वह बेघर तथा बेकार लोगों की अंतरात्मा की आवाज बन कर उन लोगों को आगाह करता है, जो मुम्बई को सपनों का शहर मानने लगे हैं। मसखरे गायकों की परम्परा बंगाल, महाराष्ट्र तथा उत्तर भारत के लोक मंच से जुड़ी हुई है। उत्तर भारत में तो नौटंकी के मंचन के दौरान मसखरा गायक प्रायः सूत्रधार के किरदार का निर्वाह भी करता है। ऐसा ही मसखरा गायक (जॉनीवाकर) बी.आर. चोपड़ा द्वारा निर्देशित 'नया दौर' (1957) का प्रतिनिधि है जो पत्रकार के लिबास में गाँव पहुँचकर स्वयं को बम्बई नगर का वासी बतलाता है :

मैं बम्बई का बाबू नाम मेरा अनजाना
इंगलिश धुन में गाऊँ मैं हिन्दुस्तानी गाना

दरअसल आधुनिकता के भार से कुचली जा रही शहर की आत्मा को कई

जिस्मानी रूपों में प्रकट होना पड़ता है चाहे वह फ्लानूर हो अथवा मसखरा गायक या गायक पत्रकार।

मुम्बई का एक और चेहरा दिखाई देता है मणि रत्नम के निर्देशन में बनी 'बाम्बे' (1995) में। अज्ञातवास, सुरुचिपूर्णता, तहज़ीब, प्रगति, उल्लासप्रियता का दावा करने वाली महानगरों की चौड़ी सड़कों और गगनचुंबी इमारतों के बीच खेला जा रहा नफ़रत का नाटक। शेखर (अरविंद स्वामी) ब्राह्मण हैं तथा उसकी पत्नी शाहला (मनीषा कोइराला) मुसलमान। दोनों ने अपने-अपने परिवारों की इच्छाओं के विरुद्ध विवाह किया है। वह गाँव छोड़कर मुम्बई में रहने लगे हैं। उनके दो पुत्र हैं—कबीर नारायण तथा कमल बशीर जो उनके माता-पिता की साझा परियोजना के प्रतीक बन जाते हैं। 'बाम्बे' बाबरी मस्जिद के विध्वंस (1992) किए जाने के उपरान्त मुम्बई में होने वाले साम्प्रदायिक दंगों की पुनःप्रस्तुति है। मुम्बई जल रहा है। दंगों में शेखर और शहला को अपने बच्चों से हाथ धोना पड़ता है। मगर वह नफ़रत और हिंसा फैलाने वाले लोगों के प्रति हमदर्दी जताकर उनका दिल जीत लेते हैं। आख्यान के समापन के साथ फ़िल्म उम्मीद जगाने में सफल हो जाती है। उम्मीद जिंदा है तो इंसानी रिश्ते भी दोबारा कायम हो जाएंगे। इस प्रकार बाम्बे महानगरीय जीवन की तीखी आलोचना प्रस्तुत करते हुए 'आदर्श' मुम्बई की सम्भावनाओं को टटोलती है जिसकी सर्वत्रता, मानवतावाद, तर्कशीलता, धर्म जैसी संकीर्ण विचारधारा को हाशिए पर ढकेल सकती है।[21]

मुम्बई की चाक्षुष स्पेस का अन्य उदाहरण वह फ़िल्में हैं जो अपराध जगत की गतिविधियों को चिन्हित करती हैं। इस स्पेस के तीन प्रमुख बिम्ब हैं (1) खुली सड़कों में अपराधियों की गाड़ियों का पीछा करती अन्य गाड़ियाँ। (2) तंग गलियाँ तथा (3) रेल की पटरियाँ। 'गर्दिश' (1994) के नायक शिवा (जैकी श्राफ) को आपराधिक गिरोह मार डालने की योजना बना चुके हैं। शिवा जान बचाने के लिए ट्राफिक जाम में फँसी गाड़ियों की छतों को लाँघते हुए किसी तरह फरार हो जाता है। राम गोपाल की 'सत्या' को लीजिए। मुम्बई के महानगरीय चरित्र को उभारने के लिए कई एरियल शॉट्स का प्रयोग किया गया है। मसलन, बहुमंजिली इमारत से पलायन करता गिरोह, सड़कों में होने वाला आखेट (जिसके लिए एरियल पैन शॉट का प्रयोग किया गया) तथा रोमांच के चरम बिंदु को दर्शाने के लिए लोकल ट्रेन की पटरियों पर बने ओवरब्रिज पर चल रहे एक्शन के गतिमान क्लोज-अप शॉट्स। ऐसे ही चित्रों की पुनरावृत्ति 'सरकार' (2005) तथा 'सरकार राज' (2008) में देखी जा सकती है।

डायगेटिक स्पेस में शहर को केंद्रित करने वाली सैकड़ों फ़िल्में बनाई गईं किंतु मुम्बई जैसा अभिवादन किसी अन्य शहर को नहीं मिल सका। अपवाद स्वरूप 'चौदहवीं का चाँद' (1960) है जिसमें लखनऊ शहर को उसी शिद्दत से याद किया गया है। जैसे अठारहवीं शताब्दी में अब्दुल हलीम शरर ने गुजिश्ता लखनऊ में किया था। मिसाल के तौर पर मोहम्मद रफी द्वारा कशिश भरे अंदाज में गाया गया वह गीत :

ये लखनऊ की सरजमीं ये लखनऊ की सरजमीं
ये लखनऊ की सरजमीं ये लखनऊ की सरजमीं
ये रंगरूप का चमन ये हुस्ने इश्क का वतन
यही तो वो मकाम है जहाँ अवध की शाम है
जवाँ जवाँ हँसी हँसी ये लखनऊ की सरजमीं
शबाब ओ शेर का ये घर ये अहले इल्म का नगर
है मंजिलों की गोद में यहाँ हर इक रह गुज़र
ये शहर लाल-ओ-दार है यहाँ दिलों में प्यार है
जिधर नज़र उठाइये बहार ही बहार है
कली कली है नाजनीं ये लखनऊ की सरजमीं
यहाँ की सब रवायतें अदब की शाहकार है
अमीर अहले दिल यहाँ गरीब जाँ निसार है
हर इक शाख पर यहाँ है बुलबुलों के चहचहे
गली गली में ज़िंदगी कदम कदम पे कहकहे
हर इक नज़ारा दिल कशीं ये लखनऊ की सरजमीं

शकील बदायूनी की नज़्म और रवि के संगीत से नवाज़े इस गीत को फ़िल्माते समय निर्देशक मोहम्मद सादिक ने दर्शकों को लखनऊ शहर को जानने समझने का वैसा ही निमन्त्रण दिया जैसे सी.आई.डी. के निर्देशक ने ये है बाम्बे मेरी जान के समय दिया था। बस एक महत्त्वपूर्ण फर्क है। सी.आई.डी. का गीत आधुनिक मुम्बई का बिम्ब है जबकि ये लखनऊ की सरजमीं में पतनोन्मुख सामंती संस्कृति के प्रति तड़प और टीस की अभिव्यक्ति की गई है। इसलिए गीत मोंताज में पुराने लखनऊ की इमारतों और पर्यटक स्थलों को ही फ़िल्मांकित किया गया है। कुल मिलाकर शहर के गीत को दिलकश अंदाज में प्रस्तुत करने वाली यह दूसरीफ़िल्म है।

हिंदी पर्दे पर दिखलाई देने वाली दूसरी महानगरी दिल्ली है। दिल्ली का चरित्र मुम्बई से दीगर है क्योंकि वह मायानगरी न हो कर नौकरशाहों और सम्पन्न मध्यम वर्गों का शहर है। इस बिम्ब को 'न्यू डेल्ही टाइम्स' (1985) 'मॉनसून वेडिंग' (2002) 'फ्रॉम चाँदनी चौक टू चायना' (2008) से ले कर 'देव डी' (2009) में लगातार इस्तेमाल किया गया है। दिल्ली-केंद्रित फ़िल्मों में उल्लासप्रियता तथा उत्सवप्रियता की भरमार है। लेकिन मेहनतकश को डायजेटिक स्पेस में जगह दिलाने में निर्देशक चूक गये। कोलकाता का रूमानी चेहरा पहली-पहली बार हावड़ा ब्रिज (1958) में देखने को मिला। दक्षिणी कोलकाता में स्थित होटल, रेस्त्रां, नाचघर जहाँ एक ओर उसकी आधुनिकता के प्रतीक बन जाते हैं वहीं दूसरी ओर दर्शक को विमोहित करने के लिए पर्याप्त हैं। फ़िल्म के अंत में ऐक्शन का बिन्दु हावड़ा ब्रिज बन जाता है जहाँ ट्रैकिंग, पैन, टिल्ट तथा एरियल शॉट्स की मदद से कोलकाता की विराटता ओर आपराधिक जगत की क्षुद्रता को उजागर किया गया है। हॉल में बनी कोलकाता को केंद्रित करने वाली दो फ़िल्में 'रेनकोट' तथा 'युवा' हैं– जो महानगर के युवा और उनके कुंठाग्रस्त जीवन का लेखा-जोखा मानी जा सकती हैं।

यदि नगर कामनाओं और आकाँक्षाओं की स्थली है तो उसका स्थायी, बिम्ब और प्रतिनिधि 'टपोरी' है। एक बहुचर्चित आलेख में रजनी मजुमदार ने टपोरी नामक किरदार की विस्तार से चर्चा की है।[22] टपोरी कौन है? मजुमदार के अनुसार टपोरी, मुम्बई महानगरी की उपसंस्कृति का प्रतीक है तथा जिसे सड़कों पर पनपते देखा जा सकता है।[23] टपोरी बेघर है और परिवार से वंचित। किन्तु वह परिवार को हसरत की नज़र से देखता है। टपोरी की विशेष पहचान उसकी भाषा और भाव भगिमायें हैं। सवाल यह है कि हिंदी सिनेमा को टपोरी जैसी छवि की आवश्यकता ही क्यों पड़ी? मजुमदार का मानना है कि स्वतंत्रता के अनेक वर्षों बाद भी हिंदी सिनेमा के नायक उत्तर भारतीय होने का एहसास छोड़ जाते थे। टपोरी का आविष्कार इसी उत्तर भारतीय छवि को विस्थापित करने के उद्देश्य से किया गया।[24]

टपोरी न तो हिंदी है, न उर्दू और न ही हिंदुस्तानी। वह एक ऐसी ज़बान बोलता है जो बंबइया कहलाई जाती है। यानी गुजराती, मराठी, बंगला, हिंदुस्तानी और अंग्रेज़ी की मिश्रण। हिंदी की पवित्रता और उसकी अभिजातीयता को नष्ट-भ्रष्ट कर टपोरी नायक उत्तर भारत की साँस्कृतिक जड़ों से दूरी बनाये रखने में कामयाब हो जाता है। यह कहना कि टपोरी की ज़बान मुम्बई में बोली जाने वाली हिंदी की प्रजाति है, अनुचित होगा। वस्तुतः बंबइया हिंदी सिनेमा द्वारा गढ़ी गई एक बोली है जिसका पर्दे के बाहर कोई अस्तित्व नहीं है। किंतु जिसके संदर्भ रोजमर्रा के भाषाई विनिमय में पाये जाते हैं। दरअसल, बंबइया हिंदी की तुलना एक ऐसी मौखिक पाण्डुलिपि से की जा सकती है जिस पर कुछ न कुछ रोज ही लिखा जा रहा हो।

टपोरी का सीधा सम्बन्ध शहर और उसकी भौगोलिक स्पेस से है जहाँ तरह-तरह के अंतर्विरोध पहले से ही विद्यमान हैं। इस भौगोलिक स्पेस को बाँटने अथवा पुनर्व्यवस्थित करने वाली शहर की सड़कें हैं। नगरीय जीवन के अनेकानेक नाटक इन सड़कों पर खेले जाते हैं। स्वतंत्र्योत्तर कालीन भारत में चाहे वह राजकपूर, गुरुदत्त, चेतन आनंद, राम गोपाल वर्मा या डेविड धवन की फ़िल्में हों सड़क की संस्कृति चाक्षुष अनुभूति के क्षणों के संप्रेषण का ज़रिया बन जाती हैं। सड़क ही टपोरी की प्रतीक है क्योंकि वह टपोरी का घर होने के साथ-साथ, रोजमर्रा के दिलचस्प तमाशों को देखने और दिखाने की स्थली है। इसलिए सड़क अपने नायक टपोरी को प्रदर्शन के विभिन्न अवसर प्रदान करती है। गौरतलब है कि टपोरी न तो 1950 के चार्ली चैपलिन सरीखे किरदार का नवीन रूप है और न ही 70 के दशक के कुछ युवाओं का। हालाँकि उसकी यायावरी और आवारागर्दी में कई मिलते-जुलते तेवर देखे जा सकते हैं। तो फिर टपोरी क्या है? कुल मिलाकर वह एक ताज़ा सिनेमाई संस्करण है जिसे ईजाद करने और सँवारने में फ़िल्म जगत निरन्तर कार्यरत है। मजुमदार के शब्दों में विशिष्ट भाषा तथा भंगिमाओं का प्रयोग करते हुए वह मुम्बई की सड़कों के कुहासे से उभरता है जहाँ प्रदर्शन ही उसकी पहचान बन जाती है।[25] इस सम्बन्ध में दार्शनिक और समाजशास्त्री 'मिशल द सर्तू' की रोज़मर्रा की जिन्दगी पर टिप्पणी "भाव भंगिमायें ही शहर के अभिलेखागार हैं समीचीन प्रतीत होती।"[26]

मजुमदार ने पूरे आलेख में केवल एक टपोरी की विस्तार से चर्चा की है। यह फ़िल्म राम गोपाल वर्मा के निर्देशन में बनी 'रंगीला' (1995) है जिसमें टपोरी का किरदार मुन्ना (आमिर खान) ने निभाया है। अनाथ मुन्ना का बचपन मुम्बई की सड़कों में बीता है। सड़क ही उसकी माँ है और परिवार भी। वह सिनेमा के टिकटों की कालाबाज़ारी करता है और अपने कारोबार को अवैध नहीं मानता। संस्थापन शॉट में उसे एक फ़िल्म के पोस्टर को निहारते हुए दिखलाया जाता है। यह एक लो एंगिल शॉट है। मुन्ना पोस्टर को निहारते हुए फ्रेम के बाहर देखता है जब तक वह अदृश्य नहीं हो जाता है। इस शॉट का महत्त्व इसी बात में है कि मुन्ना की छवि पोस्टर के नायक में विलीन हो जाती है। मुन्ना दर्शकों की रोजमर्रा की जिंदगी का नायक है।

मुन्ना की मस्ती भरी चाल, पुलिस के साथ होने वाले रोज के मामले, पुलिस को चकमा देना, व्यवस्था पर व्यंग्य करना–उसे दर्शकों का चहेता बना देता है। उसे मालूम है कि मुम्बई के सेठ साहूकार शेयर बाज़ार के कई हजार करोड़ का घपला कर चुके हैं। मुन्ना का एक रूमानी पक्ष भी है। वह मिली (उर्मिला मातोंडकर) से प्रेम करता है। मिली बंबइया फ़िल्मों में एक्स्ट्रा की भूमिकायें करती है। वह कई सालों

से नायिका बनने के लिए प्रयत्नशील है। अंत में जब उसे अवसर मिलता है तो वह फ़िल्म के नायक कमल (जैकी श्रॉफ) के प्रति आसक्त होने लगती है जब कमल महँगे तोहफ़े देता तो मिली इनकार नहीं कर पाती। किंतु फ़िल्म का सुखान्त होता है। दर्शक संतुष्ट है क्योंकि धनवान की हार और निर्धन प्रेमी (टपोरी) की विजय हुई। दर्शक की नज़र में टपोरी ही फ़िल्म का नायक है क्योंकि वह संस्थापन शॉट में ही उसे आत्मसात कर चुके हैं।

प्रदर्शन का प्रारंभिक इतिहास इस बात का साक्षी है कि शहर और सिनेमा के रिश्तों में प्रगाढ़ता तब आई जब शहर ने उसके लिए जगह उपलब्ध कराई। भ्रमणशील सिनेमा, टेंट सिनेमा, एकल पर्दे के सिनेमाघर तथा मल्टी प्लैक्स प्रदर्शन के इतिहास में अलग-अलग पड़ाव माने जा सकते हैं। प्रत्येक शहर के प्रदर्शन का इतिहास भिन्न है। सिनेमा घरों का निर्माण उनमें दिखलाई जाने वाली फ़िल्में दर्शकों की वर्ग, जाति तथा जेण्डर के आधार पर उपस्थिति, दम तोड़ते एकल पर्दे के सिनेमाघर किसी भी शहर के मनोरंजन के इतिहास को उजागर करने के लिए पर्याप्त सामग्री मुहैया करा सकते हैं। Cinema in Urban Space नामक आलेख में रवि वासुदेवन ने दिल्ली के सिनमाघरों और सिने-अनुभव के इतिहास पर पर्याप्त प्रकाश डाला है।[27]

इस बिंदु पर मैं पाठकों के साथ अपने शहर इलाहाबाद में फ़िल्म देखने की शुरुआती स्मृतियों को बाँटना चाहूँगा। इलाहाबाद में चार सिनेमाघरों को छोड़कर शेष सभी शहर के दक्षिणी हिस्से में स्थित हैं जिसे स्थानीय ज़बान में चौक कहा जाता है। पैलेस और प्लाजा थियेटर सिविल लाइंस की शोभा थे, जबकि कटरा मोहल्ले के निवासी लक्ष्मी टाकीज में फ़िल्में देखा करते थे। तेलियरगंज का अवतार टाकीज अभी अस्तित्व में नहीं आया था। उन दिनों सामान्यतः पैलेस तथा लक्ष्मी टाकीज में अंग्रेज़ी फ़िल्में दिखाई जाती थीं। पैलेस फीरोज गाँधी के परिवार के सदस्य चलाया करते थे आज भी उन्हीं का स्वामित्व कायम है। लक्ष्मी टाकीज के मालिकान लाला राम नारायण अग्रवाल के परिवार के सदस्य थे। अंग्रेज़ी फ़िल्मों को सुबह के शो में दिखलाया जाता था। केवल चुनिंदा अंग्रेज़ीदाँ परिवार फ़िल्मों को देखने पहुँचते थे इसलिए टिकट न मिलने की गुंजाइश नहीं रहती थी। बाक़ी तीन शो में हिंदी फ़िल्में चलती थीं। विश्वविद्यालय नज़दीक होने के कारण लक्ष्मी टाकीज में हमेशा विद्यार्थियों का जमावड़ा रहता था। धीरे-धीरे इलाहाबाद की आबादी का चरित्र बदलने लगा। अंग्रेज़ी फ़िल्मों का चलन घट गया।

चौक के कुछ सिनेमाघरों को छोड़कर औसत दर्जे की बाकी में मारधाड़ वाली फ़िल्में दिखाई जाती थीं। साठ तथा सत्तर के दशकों में हम पैसे की किल्लत होने

पर औसत दर्जे की फ़िल्में देखते थे। कई बार चार आने का टिकट खरीदा जाता ताकि बची हुई रकम से समोसे और ठंडे कोला का आनंद उठाया जा सके। सिनेमा के लिए पैसे जुटाने के उद्देश्य से मेरे एक मित्र घटिया कहानियाँ लिखते और उनकी 4-5 कार्बन प्रतिलिपियाँ तैयार करते। उनके पास फ़िल्म देखने के लिए रेजगारी हमेशा मौजूद रहती थी। घंटाघर के पास एक छोटा सा सिनेमाघर था—नाज़। पिछली शताब्दी के अंत में उसे ज़मीनदोज़ कर दिया गया। नाज़ में फ़िल्म देखने का मज़ा ही अलग था। हॉल इतना छोटा था कि अंतिम पंक्ति में जगह मिल जाने पर भी पर्दे पर आकृतियाँ धुँधली दिखती थीं। इर्दगिर्द बैठे दर्शक निचले वर्गों से ताल्लुक रखते थे। गीत शुरू होते ही सीटियाँ बजने लगतीं। कभी दर्शक भद्दी टिप्पणियाँ करते जो हॉल के हर कोने में सुनी जा सकती थीं। ऐसे माहौल में हम खटमलों के भयानक हमलों को भूल कर हॉल के भीतर व्याप्त मस्ती और आनंद से सराबोर हो उठते।

तब छोटे शहरों में फ़िल्मों का प्रीमियर नहीं हुआ करता था। महानगरों में एक-आध हफ़्ता चलने के बाद उन्हें छोटे शहरों में रिलीज किया जाता। स्थानीय अखबारों में फ़िल्मों की समीक्षा भी नहीं होती थी। इलाहाबाद के कुछ सिनेमाघरों ने ताँगों को किराये पर ले कर फ़िल्मों का विज्ञापन आरम्भ किया। ताँगों के दोनों तरफ फ़िल्म का पोस्टर लटका दिया जाता। एक ग्रामोफोन रेकार्ड के जरिये गीत बजाये जाते। ऊबड़-खाबड़ सड़कों पर रेकार्ड उलट जाता तो उसे तुरन्त व्यवस्थित कर चाभी दोबारा भर दी जाती। जब वह ताँगा सँकरी गलियों से गुजरता तो पास-पड़ोस के बच्चे उसका दूर तक पीछा करते। कभी-कभी ताँगे में बैठा व्यक्ति प्रचार सामग्री बाँटता। उसे प्राप्त करने के लिए प्रायः उद्दंड स्वभाव के लड़कों में हाथापाई भी हो जाती थी। फ़िल्म प्रचार का दूसरा साधन था पोस्टर। पोस्टर सभी रिक्त स्थानों पर चिपकाये जाते थे—सिनेमाघर की दीवारों, रेलवे स्टेशनों, सार्वजनिक इमारतों, और यहाँ तक कि मूत्रालयों पर। हमने आटे की लेई से चिपकाये गये पोस्टरों को निकालने की कला में महारथ हासिल कर ली। किंतु कभी-कभार वह फट जाते और हम आधे-अधूरे चित्रों को लेकर घर लौट आते। इस प्रकार मुम्बई से चले पोस्टर की इहलीला इलाहाबाद के किसी अनाम दर्शक के घर में समाप्त होती। ऐसे न जाने कितने प्रसंग यादों की परतों में कैद हैं।

प्रदर्शन के इतिहास से सम्बन्धित अंतिम अवलोकन। 1980 के दशक में आरंभ होने वाली वीडियो क्रांति के हमले को अधिकतर एकल पर्दे के सिनेमाघर सह न सके। जो कसर बची थी वह चोरी से बनाई गई सीडी और डीवीडी ने पूरी कर दी। विगत 10-15 वर्षों में सैकड़ों सिनेमा घर बंद किये जा चुके हैं। कहीं उन्हें तोड़ कर दुकानें तो कहीं कैफेटेरिया अथवा रेस्त्राँ बना दिये गये हैं। इलाहाबाद में 1930-1970 के दशकों के अत्यंत लोकप्रिय सिनेमा हॉल—पुष्पराज, निरंजन, विशम्भर,

नाज तथा लक्ष्मी टाकीज दम तोड़ कर अतीत का हिस्सा बन चुके हैं। उम्मीद है भविष्य में विद्वान शहरों का इतिहास दिवंगत सिनेमाघरों के अतीत के साथ जोड़ कर लिखेंगे। तब हम शायद जान सकेंगे कि मूक फ़िल्मों से लेकर मल्टीप्लैक्स में दिखाई जा रही फ़िल्मों का सौंदर्यशास्त्रीय अनुभव क्या रहा है। विशाल शॉपिंग मॉल के प्राँगण में स्थित सिनेमा देखना उपभोग की चरमावस्था कहलाया जा सकता है। मल्टीप्लैक्स में फ़िल्में देखने का मतलब है परिवार या मित्रों के साथ देखा जाना, फ़िल्म देखना, मनोरंजन की अन्य क्रीड़ाओं में हिस्सेदारी, फ़िल्म देखने के उपराँत माल के भीतर स्थित रेस्त्राँ में भोजन करना—यह एक सम्पूर्ण पैकेज है जो एकल पर्दे के सिनेमाई अनुभव से कहीं अधिक रोमाँचक प्रतीत होता है।

भारत के राष्ट्रीय आंदोलन का मरकज़ ग्राम था क्योंकि राष्ट्रवादियों को वह भावी नागरिकता तथा उपनिवेशवाद के प्रतिकार की स्थली के रूप में दिखलाई पड़ा।[29] किंतु उपनिवेशवाद के परवर्ती चरण में जन्मा हिन्दी सिनेमा भारतीय ग्राम को केंद्रीयता नहीं प्रदान कर सका। मानो उसके परिकल्पनात्मक घेरे में केवल शहर ही अपने लिए उपयुक्त स्थान बना सका है। वैसे भी दुनिया में शायद ही ऐसा कोई सिनेमा है जिसने शहर के साथ परोक्ष सम्बन्ध न स्थापित किये हों। बस फ़र्क है तो केवल शहर और उसके देखने का। उदाहरणस्वरूप हॉलीवुड फ़िल्मों में शहर का मायने काटती-बाँटती सड़कें निष्पक्ष निरीक्षण या दहशत और तनाव से भरी स्पेस है। हिंदी सिनेमा में वही सड़कें सामुदायिक अस्तित्व, अपराध, उत्सव, मुक्ति, मृत्यु तथा पुनरुत्थान की स्पेस बन जाती हैं। तब कैमरे और घुमन्तू नायक की चंचल दृष्टि में कोई भेद नहीं रह जाता है जो निरुद्देश्य सड़कें नापते, घूरते, निहारते भटकता रहता है।[30] हॉलीवुड तथा बॉलीवुड में शहर के निरूपण के प्रश्न पर और भी कई भेद हैं। किंतु एक बात स्पष्ट है दोनों सिनेमाई परंपराओं द्वारा शहर की गाथा सुनाने की जो मुहिम बीसवीं शताब्दी के प्रथम दशक में छेड़ी गई वह अभी तक लगातार चल रही है।

अध्याय छह

देह का व्यापारीकरण : स्त्री विमर्श के बिन्दु

सिमोन द बोउवा

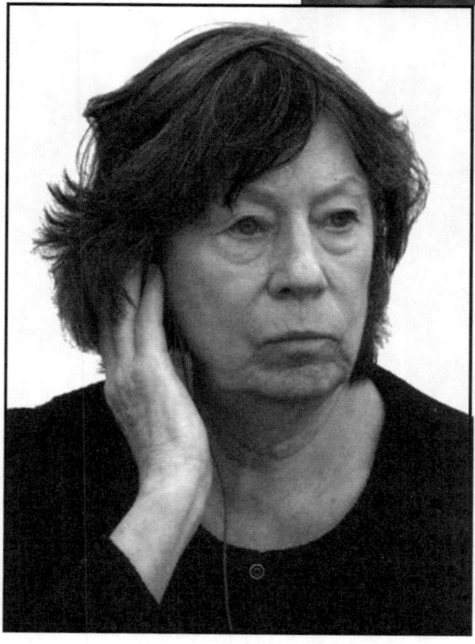

लारा मॉल्वी

देह का व्यापारीकरण : स्त्री विमर्श के बिन्दु

आज भारतीय सिनेमा और टेलीविजन पर लगातार इल्जाम लगाया जा रहा है कि पर्दे पर दिखलाई जाने वाली औरत को श्रृंगारिकता और सौन्दर्य प्रदर्शन की आड़ में पुरुषों के चाक्षुष भोग का बिंब बनाया जा रहा है। संजीदा होने के साथ-साथ यह आरोप, काफ़ी हद तक मौजूदा हालात को लक्षित भी करता है। उपभोक्तावाद की प्रखर दोपहरी में जब बाज़ार मुनाफ़ा कमाने की हवस में हर वस्तु को माल (Commodity) में बदल सकता है तो नारी देह ही क्यों पुरुष के जिस्म की भी कीमत लग चुकी है। यही नहीं समलैंगिकता और लिंगभेदान्तरणवादी (Transgender) सम्बन्धों को बढ़ती स्वीकृति मिलने के कारण बाज़ार उन्हें भी बिकाऊ वस्तुओं के रूप में देख रहा है। इसका मतलब यह नहीं है कि सब गडमड हो गया है अथवा बाज़ार की दृष्टि में नारी पुरुष समान है या पितृ सत्ता अप्रभावी हो चली है। वस्तुतः, उपभोग मौजूदा असमानताओं को पाटने की जगह उभारता है तथा आकांक्षाओं को कुंठाओं और अवसाद में बदल देता है। इन प्रवृत्तियों को बढ़ावा देने के लिए वह लोग जिम्मेदार हैं जो अर्थतंत्र के शिखर पर बैठे हैं। चूंकि समकालीन सिनेमा बाज़ारवाद की उत्पादन प्रणाली का अभिन्न अंग बन चुका है। अतएव वह बाज़ार समाज में मौजूद प्रवृत्तियों को नये-नये प्रकार से सुस्पष्ट (articulate) तथा निरूपित करता रहेगा।

सिनेमाई आख्यान का दृष्टि-विन्यास (Organization of the look) के साथ गहरा सम्बन्ध है। हॉलीवुड की फ़िल्मों में इसे निम्नलिखित स्तरों पर देखा जा सकता है। 1. फ़िल्माँकन के समय कैमरे के समक्ष होने वाली क्रियाओं के प्रति कैमरे की दृष्टि। 2. आख्यानात्मक संरचना के भीतर पुरुषों की स्त्रियों के प्रति दृष्टि। 3. आख्यानात्मक संचरना के भीतर स्त्रियों की पुरुषों के प्रति दृष्टि। 4. पुरुष दर्शकों

का पुरुष पात्रों को देखना। 5. पुरुष दर्शकों का स्त्री पात्रों को देखना। 6. स्त्री दर्शकों का पुरुष पात्रों को देखना तथा 7. स्त्री दर्शकों का स्त्री पात्रों को देखना इत्यादि। फ़िल्म विशेषज्ञों का मानना है कि एक बार तय हो जाए कि कौन किसे और कैसे देख रहा है तो सिनेमा की राजनीतिक दृष्टि भी सुनिश्चित की जा सकती है।

यकीनन हिन्दी सिनेमा हॉलीवुड की दृष्टि-विन्यास की प्रणालियों से लाभान्वित हुआ किन्तु समय-समय पर वह भारतीय दृष्टि-विन्यास की बारीकियों को भी अपनाता रहा। जिस समय सिनेमा का जन्म हुआ एक नई प्रकार की चाक्षुषता (Vaisuality) को पनपने का मौका मिला तथा जो परंपरागत कलाओं कला-रूपों-क्रोमोलीथोग्राफी, रंगमंच तथा फोटोग्राफी के अंतःसंवाद से एक विशिष्ट नैत्रिक क्षेत्र (Ocular Field) को तैयार कर रही थी। किन्तु यह अंतःसंवाद संभव न होता यदि भारत में औपनिवेशिक संस्कृति की उपस्थिति न होती। औपनिवेशिक हस्तक्षेप का सर्वाधिक स्थायी प्रभाव चित्रकला के क्षेत्र में देखा जाता है। चिदानंद दास गुप्ता का तर्क है कि चित्रकला की तुलना में संगीत और वास्तुकला पर पड़ने वाले प्रभाव सतही थे। चाहे वह राजा रवि वर्मा की शैली हो या लोक कला। यूरोप से आने वाली औद्योगिक तकनीकों ने कलाकार को नये प्रयोगों की ओर बरबस आकर्षित किया। दास गुप्ता का विचार है कि मधुबनी, उड़िया, बंगाल (बलचर, कालीघाट), तंजौर तथा कंपनी कला से जुड़े कलाकारों ने पाश्चात्य कला के प्रभावों को सोखते हुए नई परम्परायें कायम कीं।[2] चित्रकला की तरह अन्तर्ग्रहण (assimilation) की प्रवणता सिनेमा में भी देखी गई तथा जिसे दास गुप्ता फाल्के-वर्मा पद्धति के नाम से सम्बोधित करते हैं।[3] आकृति की अग्रभागिता (Frontality), आत्मगतता (Subjectivity) और वैयक्तिकता (individuality) के निर्माण के लिए रवि वर्मा के चित्र (portraits) तथा फाल्के का सिनेमा उपयुक्त उदाहरण उपलब्ध कराते है।[4]

यहाँ दृष्टि विन्यास की उन विशेषताओं का उल्लेख किया गया है जिन्हें भारतीय फ़िल्मकारों द्वारा आत्मसात किया गया। इनमें प्रमुख रूप से उल्लेखनीय है, आकृति की प्रतिमात्मकता (Iconicity), अग्र भागिता (Frontility) तथा चाक्षुष पटल पर उसकी झाँकी (Tablean) के रूप में स्थापना। दासगुप्ता का मानना है कि उपरोक्त दृष्टि-विन्यास के तरीकों को अपना कर भारतीय फ़िल्मकारों ने आकृति को जड़ावस्था में लाकर खड़ा कर दिया।[5] इस प्रकार वह कैमरे की गतिमानता से जुड़ी तमाम संभावनाओं से महरूम रह गये। दास गुप्ता का मत अतिरंजनापूर्ण है। निस्संदेह भारतीय फ़िल्मकारों ने सिनेमा को भारतीय पहचान दिलाने के लिए भारतीय कला की प्रणालियों से प्रेरणा ग्रहण की, परन्तु पाश्चात्य फ़िल्म कला तथा फ़िल्म की अवधारणा उन्हें प्रत्यक्ष तथा अप्रत्यक्ष रूप से प्रभावित करती रही।

क्रिस्टफर पिनी ठीक ही कहते हैं कि पाश्चात्य यथार्थवादी कला की कोरी नकल नहीं की गई बल्कि उच्छेदन (Subversion) द्वारा उसे जेनों-यथार्थवादी (Zeno realist) कला रूप में बदल दिया गया—अर्थात् एक प्रकार का यथार्थवाद जिसे औपनिवेशिक सत्ता से मान्यता मिल चुकी हो।[6] हिन्दी सिनेमा में नारी बिम्ब की प्रकृति का अध्ययन भारतीय कला की अवधारणाओं तथा पश्चिम कला की मान्यताओं के बीच दीर्घकाल से चल रही रस्साकशी के संदर्भ में ही किया जा सकता है।

इस प्रकार देखा जाए तो हिन्दी सिनेमा ने दृष्टि-विन्यास के नये तरीके ईजाद किये। यह उसे अन्य राष्ट्रीय सिनेमाओं से अलग पहचान दिलाने के लिए जरूरी था। फिर भी इसका अर्थ यह नहीं कि उसने हॉलीवुड शैली से अपना सम्बन्ध-विच्छेद कर लिया हो। वस्तुतः भारतीय फ़िल्मकारों, फ़िल्म की आवश्यकताओं के अनुसार, कभी हॉलीवुड तो कभी प्रेरणा के लिए स्वदेशी भंडारों को खँगालते रहते हैं। अतएव यदि कहा जाए कि सिनेमा का दृष्टि-विन्यास पूरी तरह से संकरित है तो अतिशयोक्ति नहीं होगी।

इस अध्याय का उद्देश्य है सपाट और सामान्य व्याख्याओं से बचते हुए चुनिन्दा फ़िल्मों की सहायता से तथा मौजूदा नारी विमर्श के परिप्रेक्ष्य में बॉलीवुड सिनेमा का पठन। यहाँ स्पष्ट कर देना समीचीन होगा कि हिन्दी सिनेमा को लेकर वैसा वैचारिक मंथन नहीं हुआ है जैसा कि हॉलीवुड तथा यूरोपीय सिनेमा के सम्बन्ध में लारा माल्वी, काजा सिल्वरमैन, टेरिसा दे लारेतिस तथा बार्बरा क्रीड की रचनाओं में मिलता है। हालांकि नायिका की शृंगारिकता के सम्बन्ध में भारतीय सौन्दर्यशास्त्र में व्यापक रूप से व्याख्या की गई है फिर भी दृष्टि की राजनीति के बारे में सिद्धांतकार मौन हैं। भारतीय सौन्दर्यशास्त्र में पितृसत्ता का कोई जिक्र नहीं है। हो भी नहीं सकता था क्योंकि वह विगत दशकों की नारीवादी राजनीति से उपजा दृष्टान्त है। उपभोक्तावाद और दैहिक प्रदर्शन के दौर में यह ध्यान रखना अत्यन्त आवश्यक है कि सिनेमा का अंदरूनी तथा बाह्य दृष्टि-विन्यास जेण्डर के आधार पर बँटा होता है। यह दीगर बात है कि देह को कितना और कैसे दिखाया जाय। इसे अलग-अलग सेंसर अधिनियमों की प्रदर्शन (नग्नता/अश्लीलता) सम्बन्धी मान्यताओं द्वारा निर्धारित किया जायगा।

पश्चिमी जगत के नारी आन्दोलनों की शुरुआत तब हुई जब उन्नीसवीं शताब्दी की समाप्ति तथा बीसवीं के आरंभ में सुशिक्षित महिलाओं ने मताधिकार की माँग उठाई। इसे आन्दोलन की पहली लहर के नाम से जाना जाता है। दूसरी लहर का ताल्लुक फ्रांसीसी दार्शनिक तथा साहित्यकार, सिमोन द बोउवा के उपन्यास The Second Sex (1949) से हैं जिसमें बोउवा ने दावा किया स्त्री जन्म से नहीं होती

बल्कि वह बनायी जाती है। कुछ समय तक बोउवा मानती रही कि समाजवाद के प्रसार-प्रचार से नारी अधिकारों की प्राप्ति हो जायगी लिहाजा वह स्वयं को समाजवादी लेखक घोषित करती रहीं। बाद में समाजवाद से मोह भंग होने पर वह Movement dela Liberation des femmes नामक स्त्री संगठन से जुड़ीं और स्वयं को नारीवादी लेखक कहने लगीं। नारीवाद की सैद्धान्तिक यात्रा का यह पहला पड़ाव था। 1963 में अमेरिकी पत्रकार बेटी फ्रॉयडन की पुस्तक The Feminine Mystique का प्रकाशन हुआ। इस पुस्तक में उन स्त्रियों की मानसिक अवस्था का अध्ययन किया गया, जो दूसरे महायुद्ध के उपरान्त मातृत्व का दायित्व अकेले वहन करती रहीं। यद्यपि उनकी आकांक्षाएँ कुछ भिन्न थीं। फ्रॉयडन, नारीवाद की दूसरी लहर का उद्‌घाटन करने वाली महिला बनीं। 'The Feminine Mystique' में उनका प्रमुख तर्क है कि जिसे स्त्री की रहस्यात्मकता (Mystique) कहा जाता है उसे न तो कोई नाम दिया जा सकता है और न ही मामूली पड़ताल से उजागर किया जा सकता है। फ्रॉयडन के बाद केट मिलेट की पुस्तक Sexual Politics (1969) ने नारीवाद की सोच को समृद्ध बनाया।

गौरतलब है कि उपरोक्त पुस्तकों का प्रकाशन ऐसे समय पर हुआ जब अमेरिका में नागरिक अधिकार आन्दोलन तथा वियतनाम युद्ध-विरोधी संघर्षों की शुरुआत हो चुकी थी। स्त्रियों को विश्वास होने लगा कि अपने अधिकारों के लिए सैद्धांतिक तथा व्यावहारिक लड़ाई खुद को लड़नी पड़ेगी।

'वैयक्तिक ही राजनैतिक है' जैसी बुलंद घोषणा कर दूसरी लहर के आंदोलनकारियों ने नारी जिस्म के शोषण, मातृत्व, प्रजनन, सौन्दर्य प्रतियोगिताओं और विज्ञापन उद्योगों को सार्वजनिक बहस का दर्जा प्रदान किया। कालान्तर में नारीवाद, साहित्य के साथ-साथ सिनेमा में नारी बिम्ब की प्रस्तुतियों की जाँच करने लगा। 1971 में लंदन में एक ऐसे संगठन की स्थापना हुई (लंदन महिला फ़िल्म संगठन) जिसमें लारा माल्वी तथा क्लैयर जान्सट्न ने बढ़-चढ़कर हिस्सेदारी की। ठीक एक वर्ष बाद एडिनबरा में विश्व का पहला नारी फ़िल्म महोत्सव आयोजित किया गया। इस प्रकार फ़िल्म की नारीवादी व्याख्या करने वाले लेखकों को एक मंच उपलब्ध हो गया। तदुपरान्त आरंभ हुआ नारीवादी फ़िल्म लेखन का सिलसिला। इसकी शुरुआत माजरी रोजन की Popcorn Venus (1973) जो ऐन मेलन की Women and Sexuality in the New Film (1973) तथा मौली हैस्कल की पुस्तक From Reverence to Rape (1973) से हुई। इसी वर्ष क्लैयर जान्सटन ने Note on Women's Cinema में फ़िल्मों की सतही अध्ययन की परम्परा को नकारते हुए यह साबित किया कि बाहर से मासूम दिखने वाले फ़िल्म आख्यान को सतही तौर पर

स्वीकार करना भूल होगी। जॉन्सटन के अनुसार प्रकाश सज्जा, सम्पादन और कैमरे की गति को बदल कर फ़िल्मकार चतुराई से एक अदृश्य आख्यान को जन्म देता है जिसमें गूढ़ार्थ छिपे होते हैं। पचास वर्षों से भी कम समय में नारीवादी फ़िल्म लेखन फ़िल्म अध्ययन की अन्य पद्धतियों जैसे मार्क्सवाद (अल्थूज़र), मनोविज्ञान (फ्रायड/लाकां/जिज़ेक), संरचनावाद (लेवी स्ट्रास) तथा सीमियाटिक्स (क्रिस्टीवा/बार्थ्ज़/मेटज़) के बीच अपना विशिष्ट स्थान बनाने में सफल हो गया।

इस बिन्दु पर नारीवादी फ़िल्म लेखन की प्रभावशाली हस्ताक्षर लॉरा मल्वी के दृष्टिकोण को कुछ विस्तार से विवेचित करना आवश्यक हो जाता है। 1975 में ब्रिटेन की 'स्क्रीन' पत्रिका में प्रकाशित आलेख Visual Pleasure and Narrative Cinema में मल्वी ने लिखा कि समूचे फ़िल्म उद्योग पर पितृसत्ता का शिकंजा कुछ इस तरह कस चुका है कि पर्दे पर दीखने वाली औरत एक बेजुबान यौनोत्तेजक प्रतीक बन कर रह गई है। यह वही पितृसत्ता है जो लिंग-वंचना के कारण औरत को नपुंसक बतलाती है। फ़िल्मों के देखने की परंपरागत पद्धति को नकारते हुए वह तर्क देती है कि फ़िल्म देखते समय कहीं न कहीं पुरुष दृष्टि (Male Gaze) वायरिज्म (Voyerism) अर्थात् यौनिक निहार की प्रवृत्ति प्रबल हो जाती है। सिनेमाघर का पर्दा विशाल दर्पण है जिसे देखते हुए दर्शक न केवल आत्ममुग्ध हो जाता है बल्कि उसकी दबी इच्छायें भी नायक के क्रियाकलापों में चरितार्थ होने लगती है। आत्मसातीकरण की इस नई प्रक्रिया को मल्वी ने नया नाम दिया–स्कोपोफीलिया, यानी खुद को निहारने का आनंद।[7] पर्दे पर अंकित आकृति के साथ आत्मसातीकरण होते ही दर्शक जाग्रत हो जाता है।[8] मल्वी की शिकायत है कि दर्शक का तात्पर्य केवल पुरुषों से है। अर्थात् निहारने का आनंद केवल पुरुषों को मिला है। महत्त्वपूर्ण यह है कि निहारने वाला पुरुष दर्शक भी हो सकता है तथा सिनेमाई आख्यान का नायक। कुल मिलाकर सिनेमा पुरुष पात्रों/दर्शकों को सक्रिय तथा स्त्री पात्रों/दर्शकों को निष्क्रिय तत्त्वों में बदल देता है।

मल्वी की अवधारणाओं ने नारीवादी फ़िल्म लेखन को गहराई से प्रभावित किया। कालान्तर में एतराज़ किया जाने लगा कि मल्वी की दृश्यांगी (binary) वर्गीकरण की प्रणाली कृत्रिम है। ऐसे पुरुष और स्त्री दर्शक/पात्र यथार्थ में नहीं पाये जाते हैं बल्कि फ़िल्म के प्रदर्शन के दौरान उनका निर्माण हो सकता है। यानी दोनों ही निर्मित (Constructed) विचार हैं मल्वी की सहयोगी क्लैयर जान्सटन ने तो यहाँ तक कहा कि वायरिज्म (Voyerism) सिनेमा का अभिन्न अंग है जिसे सिनेमा की उत्तराजीविता तथा उसे एक राजनैतिक अस्त्र में बदलने के लिए अनिवार्य माना जा सकता है।[10] जान्सटन इससे पहले भी सिनेमा के पारदर्शी होने के दावे नकार चुकी

थी।[11] जान्सटन के अनुसार सिनेमा अपनी चिन्ह प्रणालियों द्वारा यथार्थ की मध्यस्थता (mediate) करता है। सिनेमाई यथार्थ का मतलब है निर्धारित संहिताओं (codes)[12] के इस्तेमाल द्वारा (जो हॉलीवुड सिनेमा के आख्यान को सपाट निरंतरता प्रदान करती हैं) पात्रों/दर्शकों के निर्मित चरित्र को ढँकना। जान्सटन ने मनोविश्लेषण आदि के प्रयोग से इन संहिताओं को बेपर्दा कर सिनेमा के पारदर्शी होने के दावे को झुठला दिया। पुनश्च जान्सटन, रोलाँ बार्हस की रचना Mythologies का हवाला देते हुए कहा कि पर्दे पर दिखाई देने वाली स्त्री एक द्योतक लिंग के रूप में मौजूद किन्तु लक्षणार्थ रूप में विलुप्त हो चुकी है।

जान्सटन की भाँति उनकी समकालीन मेरी ऐन डोआन, मल्वी के 'सक्रिय पुरुष' और निष्क्रिय स्त्री की अवधारणा को अस्वीकार करते हुए लिखती हैं कि दृष्टि (Gaze) केवल इस बात पर निर्भर नहीं करती कि द्रष्टा पुरुष है अथवा नारी।[13] डोआन के अनुसार यह मुमकिन है कि नारी दर्शक का नारी पात्र के साथ आत्मसातीकरण हो जाए अथवा वह उसे आत्मासक्त इच्छा की वस्तु मान बैठे। दोनों स्थितियों में नारी दर्शक अपना अस्तित्व खो कर सिनेमाई छवि में विलीन हो सकती है। ऐसे में नारीवादी फ़िल्म लेखन का दायित्व होना चाहिए कि वह नारी दर्शक को आगाह करे कि पर्दे पर दिखने वाली आकृति उसका प्रतिबिंब नहीं बल्कि छद्म वेशी छाया है। मल्वी की दृष्टि व्याख्या की एक और कमज़ोरी है। न तो पुरुष और न ही स्त्री दर्शक समरूप होते हैं। नारी दर्शक भी वर्ग/नस्ल/जाति के आधार पर बँटे हो सकते हैं। यदि भारतीय सिनेमा की नज़र से देखें तो सवर्ण और दलित स्त्रियों की दृष्टि में बुनियादी फ़र्क होगा। जेन जेन्स लिखती हैं कि सभी स्त्रियों की दृष्टि को समझना जरूरी है क्योंकि प्रत्येक स्त्री अलग-अलग तरह के अत्याचारों का शिकार होती है। सच तो यह है कि स्त्रियों की दृष्टि को महत्त्व देने की कोशिश ही नहीं की गई।[14]

नारीवादी फ़िल्म सिद्धान्त की अन्य प्रतिनिधि काजा सिल्वर मैन, मल्वी ही नहीं बल्कि सभी सिद्धान्तकारों से असहमत हैं जिनका अध्ययन केवल छवि-पट्टी (Visual Track) तक सीमित है। सिल्वर मैन, हॉलीवुड की क्लासिक कही जाने वाली फ़िल्मों का जिक्र करती हैं जिनमें स्त्रियों को रोते, हाँफते, कलपते, सिसकते सुना जा सकता है। सिल्वर मैन के अनुसार स्पष्ट है कि हॉलीवुड की फ़िल्मों से आधिकारिक स्वर पूरी तरह से गायब है। इस आधार पर हम यह कह सकते हैं कि शायद स्त्री की आत्मगतता (Subjectivity) भी यही है।[15] नारीवादी फ़िल्म सिद्धान्तकारों की शृंखला की अंतिम कड़ी के रूप में टेरीसा दे लारिटिस का उल्लेख करना चाहूँगा।[16] दे लारिटिस ने लिंग-भेद को सापेक्ष दृष्टि से देखने की आवश्यकता पर बल दिया। अर्थात् जब हम स्त्री की बात करते हैं तो हमारा संदर्भ इतिहास-सापेक्ष

स्त्री से होना चाहिए अथवा उसके सांस्कृतिक बिम्ब से, जो उस दौर के प्रधान विमर्श की उपज है। इस प्रकार न तो कोई सार्वभौम (Universal) पुरुष है और न ही सार्वभौम स्त्री।

सिनेमा, नारी और दृष्टि-विन्यास की विस्तृत चर्चा के बाद हिन्दी सिनेमा में उसके संदर्भ बिन्दुओं को ढूँढ़ने की आवश्यकता है। इसमें संदेह नहीं है कि हिन्दी सिनेमा में नारी-बिम्ब का मूल उद्देश्य स्कोपोफीलिया को सुगम बनाना है। फ़िल्मकारों के समक्ष यक्ष प्रश्न है कि वह निहारने की प्रवृत्ति (Voyeurism) को कैसे वैधता प्रदान करें ताकि राज्य, नागरिक समाज तथा नारी दर्शक असहज न महसूस करें।[17] हिन्दी फ़िल्म के दर्शक अलग-अलग साँस्कृतिक समुदायों, वर्गों, जातियों तथा अंचलों से तआल्लुक रखते हैं। इसके अलावा दर्शक स्त्रियाँ भी हैं तथा पुरुष भी। किन्तु अलग-अलग दर्शकों के लिए अलग-अलग प्रकार (Genre) की फ़िल्म बनाने की जगह फ़िल्मकारों ने एक ऐसा सूत्र विकसित कर लिया है जिससे सभी को चाक्षुष संतुष्टि मिल सके। एक ही आख्यान के भीतर कारुण्यता (Pathos) तथा श्रंगारिकता (Eroticism) को सम्मिलित कर हिन्दी सिनेमा, जेण्डर के आधार पर बँटे दृष्टि-विन्यास को अर्थहीन बनाने का प्रयास करता है।[18] नारी दर्शक की भूमिका अत्यन्त जटिल है। वह जहाँ एक ओर उत्पाद (Commodity) है वहीं दूसरी ओर उपभोक्ता (Consumer) भी। इसलिए उसकी मजबूरी है कि वह स्त्री देह के व्यापारीकरण (Commodification) को पर्दे पर देखे।[19] बॉक्स ऑफ़िस में सफलता पाने के लिए हिन्दी सिनेमा को फूँक फूँक कर कदम रखना पड़ता है। अतएव, आख्यानात्मक संरचना के अंदर भिन्न-भिन्न दर्शक समूहों के लिए भिन्न-भिन्न आकर्षणों को व्यवस्थित किया जाता है।

आशा कस्बेकर के अनुसार तमाम विरोधाभाषों से निपटने के लिए हिन्दी सिनेमा एक आदर्श नैतिक ब्रह्माण्ड रचता है जिसमें औपचारिक रूप से स्त्री की मर्यादा का उल्लंघन न हो किन्तु अनौपचारिक रूप से पुरुषों को श्रंगारिक आनंद प्राप्त हो सके। इसके लिए वह अनेक प्रकार की धूर्ततापूर्ण रणनीतियाँ तैयार करता है, जैसे नृत्य-गीतों के जरिये देह का प्रदर्शन।[20] कस्बेकर इन रणनीतियों को तीन खण्डों में बाँटती है। 1. कौमार्य का महिमा मण्डन—हिन्दी सिनेमा की स्त्री पवित्र है जैसे गंगा नदी का जल अथवा सीता 2. प्रदर्शन—प्रदर्शन सदैव सार्वजनिक रूप में किया जाता है—चाहे वह थियेटर, बार, डिस्को धेक, रेस्त्राँ या सड़क पर हो। इस प्रदर्शन को आख्यान के भीतर तथा बाहर मौजूद दर्शक समान रूप से देखते हैं। 3. निहारने की प्रवृत्ति का नकार—सिनेमाई दृश्य रचना को कुछ इस प्रकार व्यवस्थित किया जाता है मानो नृत्य को आख्यान के भीतर बैठा दर्शक निहार रहा हो न कि

बाहरी दर्शक। इसका लाभ यह है कि बाहरी दर्शक अपराध-बोध से मुक्त होकर संपूर्ण यौनिक सुख प्राप्त कर लेता है।[21] फ़िल्मकार जानता है कि भारतीय सेंसर बोर्ड नग्न दृश्यों को दिखाने की इजाजत नहीं देता। इसलिए वह कपट द्वारा वर्षा गीत के बहाने कामुकता को प्रोत्साहित करता है।

हिन्दी सिनेमा में स्त्री बिम्ब का निरूपण कई प्रकार से हुआ है। इसका सर्वाधिक प्रचलित बिम्ब है पौराणिक देवी माँ का। फ़िल्मकारों ने नायिकाओं की नैतिक सर्वोपरिता स्थापित करने के उद्देश्य से उन्हें राधा, सावित्री, सीता, दुर्गा, काली के तुल्य बतलाया। देवी माँ आदर्श है। 1. वह पवित्रता की प्रतीक है। 2. उसे अपमान सहना पड़ता है ताकि अराजकता को समाप्त कर नई व्यवस्था की स्थापना की जा सके। 3. उसके पुत्रों को उसकी सुरक्षा के लिए तत्पर रहना चाहिए। 4. न्याय के लिए संघर्ष देवी माँ की मर्यादा को बचाने का संघर्ष है।[22] देवी-माँ का स्थाई तथा अत्यंत शक्तिशाली बिम्ब मदर इण्डिया (1957) में देखा गया। देवी-माँ के किरदार में (नरगिस) भारत माता का प्रतिरूप है। जब उसकी बिगड़ैल संतान बिरजू (सुनील दत्त) ही उसका अपमान करने लगती है तो भारत माता उसे गोली मार देने में जरा भी नहीं हिचकती। राधा (भारत माता) के लिए बिरजू पुत्र नहीं रह गया है वह केवल एक घृणित डकैत है।

देवी माँ की दूसरी छवि राधा (मीरा) है। रास लीला की परंपरा में राधा के साथ तीन बिम्ब जुड़े हैं —दिव्यता, श्रृंगारिकता तथा रत्यात्मकता। हिन्दी सिनेमा ने राधा-कृष्ण के मिथक का भरपूर उपयोग किया है चाहे वह गीत गाता चल (1975) हो या फिर बोल राधा बोल अथवा मुकद्दर का सिकंदर अथवा देवदास। देवी-माँ की तीसरी छवि सीता है जिसे अपने पति के हाथों अपमानित होना पड़ता है। वह अपनी पवित्रता को स्थापित करने के लिए अग्नि-परीक्षा से गुजरने के लिए तैयार हो जाती है। ए. चन्द्रा के निर्देशन में बनी 'तेजाब' (1988), बासु भट्टाचार्य की 'पंचवटी' (1986) तथा श्याम बेनेगल की 'निशाँत' (1975) सीता के बिम्ब के उत्कृष्ट उदाहरण हैं।

दुर्गा/काली (शक्ति) की झलक हमें 1970 तथा 80 के दशकों में बनी तीन फ़िल्मों—इंसाफ का तराजू (1980), प्रतिघात (1987), जख्मी औरत (1988) तथा 90 के दशक में बनी 'मृत्यु दण्ड' में स्पष्टतः दिखलाई पड़ती है। एक अध्ययन में उन्हें बदला लेने वाली (Avenging Women) की संज्ञा दी गई है।[23] मेरे विचार से यह पाश्चात्य शब्दावली का यान्त्रिक आरोपण है। वास्तव में दुर्गा बदला नहीं लेती वह तो असुर और आसुरी प्रवृत्ति का संहार करती है। इसलिए इन फ़िल्मों की नायिकायें दुर्गा की प्रतिरूप हैं न कि किसी हॉलीवुड की फ़िल्म की तर्ज पर गढ़ी प्रतिशोधात्मक

(Vindictive) नारी।

दरअसल, स्वतंत्रता मिलने के कई दशकों बाद भी हिन्दी सिनेमा सामंती/उपनिवेशकालीन आग्रहों से मुक्त नहीं हो पाया। कुछ अपवादों को छोड़कर पर्दे पर दिखाई जा रही वही स्त्री अच्छी थी जिसने संयुक्त परिवार के दायरे के भीतर रहते हुए पितृसत्ता को ज्यों का त्यों बनाये रखा था। इससे ठीक विपरीत छवि आधुनिक औरत की थी। आधुनिक औरत विद्रोही और महत्वाकाँक्षी थी (अंदाज, 1948)। पितृसत्ता को उससे सबसे अधिक खतरा था, इसलिए उसका व्यंग चित्र (Satire) प्रस्तुत करना जरूरी हो गया था। उसे पाश्चात्य लिबास पहने, सिगरेट पीते, क्लब थियेटर जाते, डाँस करते, ऊँची आवाज़ में बोलते, मर्दों से ज़बान लड़ाते तथा षड्यंत्र रचते दिखाया गया। पितृसत्ता स्त्रियों की आज़ादी के खिलाफ़ है। इसलिए वह आज़ाद दीखने वाली हर औरत को दंड का पात्र मानता है। बलात्कार आज़ाद औरत को दिया गया दण्ड है। बलात्कार का प्रथम चरण स्त्री का निर्वस्त्रीकरण है। ज़ाहिर है सेंसर बोर्ड ऐसे दृश्यों के क्लोजअप की अनुमति नहीं देता है। इसलिए शॉट की यौनेत्तेजकता को कायम रखने के लिए डायजेटिक स्पेस के अंदर खड़ी भीड़ पर कैमरा केन्द्रित किया जाता है जो निर्वस्त्र की जा रही औरत को बेशर्मी से निहार रही हैं। निर्देशक जानता है कि सिनेमाघर में मौजूद सैकड़ों जोड़ी आँखें भी निहारने की प्रक्रिया का अभिन्न हिस्सा हैं। बाद में भुक्तभोगी स्त्री अकेले ही बलात्कारी पुरुष का विनाश करने में कामयाब हो जाती है। दुर्गा की प्रतिरूप को इस काम के लिए न संस्था चाहिए और न ही कोई आन्दोलन। इस प्रकार देवी माँ का बिम्ब बरकरार रखते हुए फ़िल्मकार धूर्तता के साथ यौनिकता को चोर दरवाजे से भीतर घुसाने में सफल हो जाता है।

यौनिक निहार की प्रवृत्ति के लिए हिन्दी सिनेमा ने अन्य किरदार का आविष्कार किया—वैम्प (या बदचलन औरत)। वैम्प में वह सभी विशेषतायें थीं जो देवी माँ में नहीं पाई जाती हैं। (कौमार्य, पवित्रता, लावण्य, आभा)। वैम्प अनियंत्रित वासना का प्रतीक थी। उसे नाइट क्लबों, मदिरालयों या नाच घरों में देखा जा सकता है। वह पाश्चात्य स्त्रियों की भाँति चरित्रहीन थी क्योंकि पराये मर्दों के साथ नाचने में उसे परहेज न था। स्वातंत्र्योत्तर काल के शुरुआती दौर में वैम्प को प्रायः एक आंग्ल भारतीय महिला के रूप में चिह्नित किया जाता था। चूंकि वह नाचघर की संस्कृति की प्रतिनिधि थी अतएव कैबरे के दृश्यों में उसकी अहम् भूमिका होती थी। इस प्रकार 50-60 तक के दशकों में हिन्दी सिनेमा ने वैम्प तथा कैबरे नृत्य के ज़रिये यौनिक निहार को बराबर प्रोत्साहन दिया। 'श्री 420' (1954), 'नौ दो ग्यारह' (1957) तथा 'आर पार' (1953) वैम्प और उसके कुटिल संसार के प्रमुख उदाहरण हैं। 1970

तक पहुँचते-पहुँचते वैम्प का किरदार अर्थहीन हो गया। अब नायिका स्वयं ही प्रदर्शन की वस्तु बन गई थी। किन्तु नायिका के देह प्रदर्शन के लिए एक सार्वजनिक जगह की तलाश थी जहाँ डायजेटिक स्पेस के अंदर मौजूद दर्शकों की आड़ में सिनेमाघर के दर्शकों को निहारने का अवसर प्रदान किया जा सके। इस आवश्यकता को पूरा करने के लिए कालेज के वार्षिकोत्सव, नृत्य प्रतियोगिताओं, संस्थापना दिवस इत्यादि को दृश्य आख्यान में शामिल किया गया। दिल तो पागल है (1998) की समूची कहानी का ताना-बाना नृत्य प्रतियोगिता के इर्द-गिर्द बुना गया है। इस प्रकार के नृत्यों का परिवर्तित रूप उन फ़िल्मों में देखने को मिलता है जहाँ नायिका को अपहृत कर लिया जाता है और वह नायक को बचाने के लिए नाचने के लिए तैयार हो जाती है। नायिका के शील की कुर्बानी (नृत्य) को सार्वजनिक स्पेस में देखा जाता है। ज्वैल थीफ (1967), सीता और गीता (1972) तथा शोले (1971) कुर्बानी नृत्य की ख़ास मिसालें हैं।

हिन्दी सिनेमा के वाङ्मय में मुस्लिम हिस्टॉरिकल तथा मुस्लिम सोशल कही जाने वाली फ़िल्मों का ख़ास दर्जा है। इस समूह (Genre) में पाई जाने वाली फ़िल्मों का विशेष महत्त्व है क्योंकि हिन्दी फ़िल्मकार को नवाबी तहजीब की आड़ में कोठे में रहने वाली तवायफ के चरित्र-निरूपण का अच्छा अवसर मिलता है। कोठा ऐसी भौगोलिक स्पेस है जो गुज़रे वक्त का प्रतीक होने के साथ-साथ आधुनिकता के प्रभावों से विमुक्त है। कोठे के अंतःस्थल तहजीबों तमुद्दुन से रचे-बसे हैं वहाँ मशायरे, ठुमरी और ग़ज़ल गायकी पूरी तरह महफ़ूज है। कोठे की बिम्ब तवायफ साधारण वेश्या नहीं है। उसके कद्रदान शहर के तमाम रईस और उमरा है।[24] तवायफ इतिहास की त्रासदी है। कालान्तर के साथ समाज में उसका सम्मान घट गया है। किन्तु वह अपनी शर्तों पर जीना जानती है। सत्ता के अत्याचारी स्वरूप का पर्दाफ़ाश करने में वह ज़रा भी नहीं हिचकती है। मुस्लिम सोशल फ़िल्मों में तवायफ़ के सकारात्मक चरित्र को पूरी तरह से उभारा जाता है। किन्तु फ़िल्मकार की खास दिलचस्पी कोठे पर होने वाले नाच (मुजरा) में है। इस प्रकार तवायफ़ और मुजरा एक दूसरे के पर्याय बन जाते हैं। कोठा, तवायफ़ तथा मुजरा ऐसे अलंकार हैं जिन्हें पाकीज़ा (1971), उमराव जान (1981), सरदारी बेग़म (1996) के मुस्लिम सोशल के नाम पर भरपूर इस्तेमाल किया गया है। मुस्लिम सोशल अधिक लोकप्रिय है क्योंकि कोठे में नृत्य (मुजरा) करने वाली तवायफ पुरुषों के यौनिक निहार (Voyeurism) की जरूरतों को पूरा करती है।[25] यह आवश्यक नहीं कि मुस्लिम सोशल में कैमरा तवायफ़ के जिस्म पर ही केन्द्रित रहे। वस्तुतः पाकीजा की नायिका साहिब जान (मीना कुमारी) के लाल रंग में नहाये पैर यौनिक निहार का बिन्दु बन जाते हैं। उस समय तब जब वह (फ़िल्म के अंत में) काँच के टुकड़े पर नाचते हुए लहूलुहान नहीं

हो जाती।[26]

90 के दशक में भारतीय अर्थव्यवस्था के वैश्विक अर्थव्यवस्था के साथ जुड़ जाने से भारतीय दर्शकों को टेलीविजन के जरिये कई विदेशी चैनल्स से रूबरू होने का अवसर मिला। शताब्दी के अंत होने तक कई हॉलीवुड फ़िल्में 24X7 के आँकड़े में दर्शकों के बेडरूम में पहुँचने लगीं। हिन्दी सिनेमा के लिए चिंताजनक दौर था। उसके समक्ष चुनौती थी सूत्र को कायम रखते हुए नवोन्मेष करना। 1993 में प्रयोग के रूप में शामिल किये गये आइटम गीत (Item Songs) को इसी ऊहापोह की परिणिति माना जा सकता है। आइटम गीत की विशेषतायें हैं—1. प्रमुख किरदार का सिनेमाई आख्यान का हिस्सा न होना। 2. प्रदर्शन का ऊर्जामय होना। 3. द्विअर्थी शब्दों व्यंजनापूर्ण भाव-भंगिमाओं का प्रयोग तथा मोजों-ऑ-सीन, ट्रैकिंग तथा क्लोज अप द्वारा दर्शकों की वासना जाग्रत करना। कुछ फ़िल्म विशेषज्ञों का मानना है कि आइटम गीत की शुरुआत 'खलनायक' (1997) की बहुचर्चित और लोकप्रिय प्रस्तुति 'चोली के पीछे क्या है' से हुई थी। इस गीत को लेकर राष्ट्रीय मीडिया में जबर्दस्त प्रतिक्रियाएँ हुईं। दिल्ली के वकील और भारतीय जनता पार्टी के सदस्य आर.पी. चुग ने दिल्ली उच्च न्यायालय में एक याचिका दायर की जिसमें गीत पर प्रतिबंध लगाने का अनुरोध किया था। अपनी याचिका में चुग ने गीत को 'अश्लील तथा स्त्रियों के लिए अपमानजनक' घोषित किया था। इसी प्रकार फरीदाबाद के विनीत कुमार ने स्थानीय उपभोक्ता फोरम में दायर की गई एक याचिका में गीत पर पाबंदी लगाने की माँग उठाई। कुमार की दलील थी कि गीत 'भारतीय समाज की संस्कृति, अंतरात्मा तथा नैतिकता' के विरुद्ध था। मीडिया द्वारा विवाद को अधिक प्रश्रय दिये जाने का एक नतीजा यह हुआ कि फ़िल्म ने बॉक्स ऑफ़िस पर अच्छा कारोबार किया। खलनायक की सफलता के बाद आइटम गीत मानो हिन्दी सिनेमा के रूपक (Trope) बन गये। छम्मा छम्मा (चाइना गेट, 1998), महबूब मेरे (फिजा, 2000), बाबूजी जरा धीरे (दम, 2003), माही वे (कल हो न हो), धूम मचा ले (धूम 2004), कजरारे (बंटी और बबली, 2005), मैयां मैयां (गुरु, 2007), देखता है तू क्या (क्रेजी, 2008), दर्जनों फ़िल्में बनीं जिन्होंने आइटम गीतों का सफल प्रयोग किया। यह मुमकिन है कि देह प्रदर्शन और व्यापारीकरण के दौर में भविष्य के आइटम गीतों में पुरुष किरदारों का महत्त्व भी बढ़ेगा।

स्त्री को पर्दे पर किस प्रकार दिखलाया जाए? सिनेमा के शुरुआती दौर से ही प्रश्न फ़िल्मकारों को उद्वेलित कर रहा है। विगत शताब्दी में हिन्दी फ़िल्मकार ने तरह-तरह के बिम्बों का प्रयोग किया है। फिर भी वह दो दबावों के कारण स्वयं को विवश और असहाय पाता है। पहला दबाव वित्तीय है। तो दूसरा अनुभूति से जुड़ा। फ़िल्म निर्माण खर्चीला व्यवसाय है। यदि वह बाक्स ऑफ़िस पर पिट जाती है तो

निर्देशक तथा सितारों से लेकर तकनीकी कर्मचारियों की प्रतिष्ठा दाँव पर लग जाती है। इसलिए निर्माताओं का प्रथम लक्ष्य होता है स्त्री का यथासंभव प्रदर्शन ताकि पुरुष दर्शकों के कामासक्त आनंद की अनुभूति हो सके। वैश्वीकरण के साथ यह दबाव बढ़ता ही जाएगा। क्योंकि हिन्दी सिनेमा के दर्शक समुदायों में दक्षिण एशियाई मूल के लोगों के अलावा दूसरे भौगोलिक क्षेत्र भी शामिल होते चले जायेंगे। लेकिन फ़िल्मकारों को अपने प्रतिबद्ध दर्शकों की नैतिक चिंताओं का ख़्याल भी रखना है। अतएव वह स्त्री की मर्यादा और मान सम्मान को भी पूरी तरह से नज़रअंदाज नहीं करेगा। उसे कोई न कोई बीच का रास्ता निकालना पड़ेगा। बॉलीवुड ने इस गुत्थी से निकलने के लिए तमाशे तथा प्रदर्शन को जरिया चुना है। वह जानता है कि सिनेमा को वायरिजम से बचाया नहीं जा सकता किन्तु आख्यान के एक छोटे हिस्से तक सीमित रखा जा सकता है। बलात्कार, कैबरे, आइटम गीत तमाशे और प्रदर्शन को संकुचित रखने के उपाय हैं। इस प्रकार यौनिक निहार को वैधता प्रदान कर वह शेष आख्यान में अपने नैतिक दायित्वों का निर्वाह कर सकता है। फ़िल्म अध्ययन के लिए चुनौती यह है कि वह सिनेमा की उपरोक्त रणनीति की बारीकियों को समझने और उनकी व्याख्या के लिए उपयुक्त सैद्धान्तिक परिप्रेक्ष्य तैयार करने की दिशा में सोचे।

अध्याय सात

राज्य और सेंसर : प्रदर्शनीय क्या है?

लीला सैम्पसन
अध्यक्ष
भारतीय सेंसर बोर्ड

शर्मिला टैगोर

राज्य और सेंसर : प्रदर्शनीय क्या है?

अभिव्यक्ति की स्वतंत्रता में दायित्व का बोध भी स्पष्टतः निहित है। यह दूसरी बात है कि उसका निर्वाह कम ही लोग करना चाहते हैं, साथ ही पूर्ण अभिव्यक्ति भी एक आदर्श है। राज्य व्यवस्था सुनिश्चित करती है कि वह एक अप्राप्य किन्तु वाँछनीय लक्ष्य बना रहे। विश्व का शायद ही कोई ऐसा देश होगा जहाँ किसी अभिव्यक्ति (रचना/भाषण/कृति) को किसी न किसी आधार पर कभी न कभी प्रतिबंधित न किया गया हो। यदि राज्य अभिव्यक्ति की स्वतंत्रता को नियंत्रित रखना अपनी जिम्मेदारी समझता है तो रचना कर्म में भी हर तरह की मुमानियत के खिलाफ मुखालफत करने की क्षमता है। यह रस्साकशी अनवरत काल से चलती आई है।

सेंसर शब्द का प्रयोग सर्वप्रथम ग्रीक (Greek) तथा लैटिन (Latin) भाषाओं में किया गया। तब इसका अर्थ था 'राय' अथवा परामर्श देना अथवा 'मूल्यांकन' करना। वस्तुतः रोम पहला ऐसा नगर था जहाँ 443 ई. में पहली बार सेंसर के कार्यालय का उद्‌घाटन किया गया। उस समय सेंसर का काम जनगणना कराना, नागरिकों के नैतिक आचरण को नियंत्रित रखना तथा उनका वर्गीकरण करने तक सीमित था। इस प्रकार सेंसर का पद इतिहास के उस चरण से जुड़ा है जब पुरातन नागरिक समाज अस्तित्व में आ चुका था।[1] ब्रिटिश राजनीति शास्त्री जॉन लाक ने अठारहवीं शताब्दी में ही घोषित कर दिया था कि समाज की स्थापना राज्य और सरकार से पहले ही हो चुकी थी। यह महज संयोग है कि जिस समय यूरोपीय विद्वान नागरिक समाज की सर्वोपरिता की गाथा बयान कर रहे थे लगभग उसी समय राष्ट्र राज्य का विचार शैशवकाल से युवावस्था में प्रवेश करने के लिए मचलने लगा था।[2] फिर क्या था उन्नीसवीं शताब्दी के प्रारंभ होने तक यूरोप का राजनीतिक चिंतन

राष्ट्र-राज्य के खूबसूरत सपने से ओतप्रोत हो गया। सत्तर के दशक में जब यूरोप के सभ्यतावादी राज्यों में विघटन के लक्षण दिखाई पड़ने लगे तो प्रताड़ित और उपेक्षित समुदाय नागरिक समाज की पुनर्स्थापना के लिए पुनः प्रयत्नशील हो गये।[3]

बहरहाल राष्ट्र-राज्यों की स्थापना से पुरातन नागरिक समाज ने आधुनिक नागरिक समाज की संस्कृति को सीमित कर दिया। वह उसके क्रियाकलापों को नियंत्रित तथा सुनियमित करने के लिए नियम/कानून बनाने लगा। अभिव्यक्ति की स्वतंत्रता को मानवाधिकार घोषित किये जाने के बाद भी उसे नियमित करने की जरूरत महसूस हुई। राज्य को भय था कि उत्साही लेखकों, कलाकारों तथा बुद्धिजीवियों की गतिविधियों से उसका अस्तित्व ही खतरे में न पड़ जाए। इसका नतीजा यह हुआ कि वह समाचार-पत्रों तथा पुस्तकों के प्रकाशन, वितरण तथा विक्रय पर प्रतिबंध लगाने लगा, साथ ही साँस्कृतिक कार्यक्रमों और समारोहों को भी विनियमन के दायरे में लाया जाने लगा। सिनेमा इसका अपवाद नहीं था। ब्रिटेन पहला देश था जिसने 1909 में सिनेमेटोग्राफ अधिनियम पारित किया। लेकिन उस समय राज्य को भय था कि सिनेमाघरों में आग लग सकती है। अतएव वह अग्निशमन की व्यवस्था पर पूरा ध्यान केंद्रित करने लगा। 1913 में नार्वे, 1914 में डेनमार्क, 1915 में संयुक्त राष्ट्र अमेरिका तथा 1916 में फ्रांस में सिनेमेटोग्राफ अधिनियमों को पारित किया गया।[4] धीरे-धीरे नैतिकता, राजनीतिक तथा धार्मिक प्रश्नों को सेंसर की परिधि में लाया जाने लगा।

1918 में भारतीय सिनेमा उद्योग पर निगरानी तथा नियंत्रण बनाये रखने के उद्देश्य से सिनेमेटोग्राफ अधिनियम पारित किया गया। इस अधिनियम के अंतर्गत फ़िल्म निर्माण के अनुज्ञापन को अनिवार्य बना दिया गया। 1919 में फ़िल्मों को प्रांतीय विषयों के तौर पर शामिल किये जाने के बाद कलकत्ता, मद्रास, लाहौर तथा रंगून में पाँच सेंसर बोर्ड गठित किये गये।[5] उन्हें अधिकार दिया गया कि पुलिस प्रशासन की मदद से नये कानूनों को लागू करें।[6] अक्टूबर 1927 को भारत की प्रथम सिनेमेटोग्राफ कमेटी नियुक्त की गई। इसकी स्थापना के कारणों पर प्रकाश डालते हुए कहा गया कि सरकार फ़िल्म उद्योग की वित्तीय समस्याओं को सुलझाने, फ़िल्म निर्माण को व्यवस्थित करने तथा पाश्चात्य फिल्मों (विशेषकर हॉलीवुड की फ़िल्मों) के भारत में पड़ने वाले दुष्प्रभाव को समाप्त करने के लिए प्रतिबद्ध है। औपनिवेशिक सरकार की असली मंशा क्या थी। इस बात की जानकारी 15 अप्रैल 1927 को टाइम्स ऑफ इंडिया के बंबई संस्करण में प्रकाशित एक समाचार के अध्ययन से स्पष्ट हो जाती है। समाचार में कहा गया कि ब्रिटिश तथा अमेरिकी फ़िल्म कंपनियों में भारतीय फ़िल्म बाज़ार पर नियंत्रण स्थापित करने के लिए होड़ लगी हुई है किन्तु

अधिक संगठित होने के कारण हॉलीवुड की सफलता सुनिश्चित है।[6] बाद में इस बात का ज़िक्र भारतीय सिनेमेटोग्राफ कमेटी की रिपोर्ट में भी किया गया।[7] यह अजीब बात थी कि ब्रिटेन जो दुनिया भर के साथ मुक्त व्यापार का दम भरता था सिनेमा को लेकर उपनिवेशों में दूसरी प्रणाली लागू करना चाहता था।[8]

छह सदस्यीय सिनेमेटोग्राफ कमेटी के तीन अंग्रेज़ तथा तीन भारतीय सदस्य थे। कमेटी ने 673 लोगों के बयान दर्ज किये जिसमें यूरोपीय, आंग्ल भारतीय और सामान्य भारतीय लोग शामिल थे। सभी धर्मों तथा पुरुषों और स्त्रियों को प्रतिनिधित्व मिला। चार खण्डों में प्रकाशित रिपोर्ट में फ़िल्मों के सम्बन्ध में तत्कालीन समाज में मौजूद आकाँक्षाओं, भय और संशय की स्पष्ट झलक मिलती है। फ़िल्मों में बढ़ती अश्लीलता पर चिंता प्रकट करते हुए सिनेमा व्यापार और सिनेमाघर संघ के प्रतिनिधि मरूया ने कमेटी के समक्ष बयान दिया कि सेंसरशिप आवश्यक है किंतु उसे अधिक कठोर नहीं बनाना चाहिए।[9] इसके अलावा उन्होंने फ़िल्म उद्योग पर लगाये जा रहे मनोरंजन कर की आलोचना करते हुए कहा कि रॉ-स्टाक की बढ़ती कीमतों के कारण ही भारतीय फ़िल्में विदेशी फ़िल्मों से प्रतियोगिता में पिछड़ती जा रही थीं। फ़िल्मकार जे.जे. मदान ने विचार रखा कि यदि सेंसर फ़िल्म की कलात्मकता तथा प्रेरणात्मक गति को बाधित करता है तो उसकी निरन्तरता नष्ट हो सकती है तथा दृश्यों की अनुचित व्याख्या भी।[10]

1928 में प्रकाशित भारतीय सिनेमेटोग्राफ कमेटी की रिपोर्ट में स्पष्ट रूप से प्रस्तावित किया गया कि सेंसर प्रतिबंधों को समाप्त करना अव्यावहारिक होगा। सरकार ऐसी फ़िल्मों के आयात, निर्माण तथा सार्वजनिक प्रदर्शन को रोकने के लिए दृढ़प्रतिज्ञ थी जो किसी संप्रदाय विशेष की धार्मिक भावनाओं को ठेस पहुँचाती हो। पुनः कमेटी की रिपोर्ट में केन्द्रीय सेंसर बोर्ड के साथ-साथ एक सिनेमा विभाग की स्थापना पर जोर दिया गया, जिसे वाणिज्य विभाग के मातहत रखा जा सके। रिपोर्ट के अंत में अश्लीलता की परिभाषा दिये बिना ही उसे एक समस्या के रूप में स्वीकार लिया गया। 1935 से पोस्टरों और विज्ञापनों को भी सेंसर की परिधि में लाया गया। इस प्रकार स्वतंत्रता प्राप्ति की पूर्वसंध्या तक फ़िल्मों को विनियमित करने का प्रयास फ़िल्म उद्योग के प्रत्येक पहलू को नियंत्रित करने के प्रयास में बदल गया। सिनेमेटोग्राफ कमेटी के सदस्य जानते थे कि हॉलीवुड में बनी फ़िल्मों को प्रतिबंधित करना व्यावहारिक नहीं था। इसलिए सुझाव रखा गया कि उन फ़िल्मों के क्लोज़ अप शॉट्स ही संपादित कर दिए जायें ताकि कोई आपत्ति न उठाये।[11]

भारत में सिनेमा के जन्म लेते ही सिनेमाघर का पर्दा एक राजनीतिक स्पेस

में बदल गया। इसलिये नहीं कि सिनेमा का चरित्र ही कुछ ऐसा था। बल्कि इसलिए कि उपनिवेश कालीन फ़िल्मकार उसे बदलने के लिए विवश था। राजनीतिक स्पेस की भांति सांस्कृतिक स्पेस को भी औपनिवेशक वर्चस्व से मुक्त कराना जरूरी था। यह तभी संभव था जब न केवल सांस्कृतिक उत्पादन की व्यवस्था को स्वदेशी बनाया जाए बल्कि ऐसे उत्पाद तैयार किये जायें जिनका चरित्र स्वदेशी हो। संक्षेप में उपनिवेश काल में जन्मे भारतीय सिनेमा का स्वदेशी (उपनिवेशवाद विरोधी) सिनेमा में बदल जाना एक राजनीतिक परिवर्तन था। यह कैसे संभव था कि औपनिवेशक सरकार के रहते सिनेमा को राज्य की दखलंदाजी से अधिक दिनों तक सुरक्षित रखा जा सके।

इस बिंदु पर भावी राष्ट्र के सिनेमा के प्रति दृष्टिकोण की पड़ताल करना जरूरी हो जाती है। रवीन्द्रनाथ ठाकुर ने सिनेमा की 'प्रेरक शक्ति' को दिशा प्रदान करने की आवश्यकता पर बल दिया ताकि एक नई सौंदर्यशास्त्रीय अनुभूति के लिए ज़मीन तैयार की जा सके।[12] यह स्पष्ट नहीं है कि वह 1932 में अपनी रचना नातेर पूजा का (न्यूथियेटर्स के बैनर से) निर्देशन कर पाये अथवा नहीं। किन्तु एक बात साफ है। फ़िल्म दर्शन का विचार उनके लिए स्वयं में अत्यन्त रोमांचकारी था। 1936 में जब उन्हें पी.सी. बरुआ की फ़िल्म 'मुक्ति' के लिए संगीत निर्देशन का निमंत्रण मिला तो उन्होंने सहर्ष स्वीकार कर लिया।[13] 1930 के दशक में तमिल फ़िल्मों से जुड़े कर्मियों ने मदुरई में एक सम्मेलन का आयोजन किया, जिसमें जवाहरलाल नेहरू को आमंत्रित किया गया। सम्मेलन को संबोधित करते हुए नेहरू ने साफ शब्दों में कहा कि भारत के फ़िल्मकार स्वतंत्रता संग्राम के लक्ष्यों को प्राप्त करने में सहयोग प्रदान करें। 1936 में उन्होंने सरोजिनी नायडू के साथ बंबई के रॉक्सी थियेटर में 'अछूत कन्या' देखी तथा फ़िल्म की नायिका देविका रानी को प्रशंसा भरा प्रत्र लिखा। तीन साल बाद नेहरू ने इण्डियन मोशन पिक्चर्स कांग्रेस के संयोजकों के नाम पत्र लिखा कि "जो कार्य किया जा चुका है मैं उसकी गुणवत्ता से संतुष्ट नहीं हूँ। फ़िल्में आधुनिक जीवन का अभिन्न अंग बन चुकी हैं तथा उन्हें शैक्षिक उद्देश्यों के लिए लाभकारी तरीके से इस्तेमाल किया जा सकता है। अभी तक ऐसी फ़िल्म पर जोर दिया गया है जो मनोरंजन प्रधान मानी जाती है, लेकिन जो मानवता या गुणवत्ता की दृष्टि से उत्कृष्ट नहीं है।[14] भारतीय फ़िल्म जगत को सर्वाधिक आहत करने वाला दृष्टिकोण गाँधी का था। जब भारतीय सिनेमेटोग्राफ कमेटी ने 1927 में गाँधी जी की राय लेनी चाही तो उन्होंने दो टूक जवाब देते हुए कहा कि यद्यपि उन्होंने फ़िल्में नहीं देखी हैं फिर भी उन्हें मालूम है कि वह बढ़ती बुराई का कारण है।[15] इसी प्रकार हरिजन समाचार पत्र के 3 मई 1942 के अंक में प्रकाशित साक्षात्कार में उन्होंने कहा कि सिनेमा खराब चीज है।[16] गाँधी जी के जीवन की पहली फ़िल्म रामराज्य (1943)

थी। हालांकि उनकी तबीयत ठीक नहीं थी फिर भी उन्होंने पूरी फ़िल्म देखी, बाद में पूछे जाने पर टिप्पणी से इनकार कर दिया।[17]

जब भारत आज़ाद हुआ तो फ़िल्म जगत अधिक उत्साहित था। भारत को आधुनिक राष्ट्र बनाने की विशाल योजना में हिस्सेदारी करने की घड़ी आ पहुँची थी।[18] फ़िल्मकारों को उम्मीद थी कि अन्य उद्योगों की तरह सिनेमा को उद्योग का दर्जा तथा वित्तीय सुविधायें मिल सकेंगी। किन्तु इसके लिए सिनेमा को लगभग पैंसठ सालों तक प्रतीक्षा करनी पड़ी, साथ ही स्वतंत्रता आंदोलन की सांस्कृतिक विरासत में सिनेमा के अनुरूप की तुलना जुए तथा वेश्यावृत्ति सी की जाती रही।[19] इसलिए उस पर सेंसर का शिकंजा कसा रखने के लिए राष्ट्रीय विमर्श लगभग एकमत रहा। बावजूद इसके नेहरू के भारत में महत्त्वपूर्ण निर्णय लिए गये जिनके फलस्वरूप सिनेमा की दिशा बदलने लगी। इस संदर्भ में पाटिल जाँच समिति (1949), खोसला आयोग (1960) तथा फ़िल्म वित्त निगम (1960) का गठन विशेष रूप से उल्लेखनीय है। इसके अलावा भारत के पहले अंतरराष्ट्रीय फ़िल्म महोत्सव को आयोजित करने का श्रेय भी जवाहरलाल नेहरू को जाता है।

पाटिल समिति के दो स्पष्ट उद्देश्य थे—(1) यह जाँच करना कि भारत में फ़िल्म जगत का विकास कैसे हुआ है तथा उसका भावी विकास किस आधार पर हो तथा (2) भारत में फ़िल्मों को राष्ट्रीय संस्कृति, शिक्षा तथा स्वस्थ मनोरंजन के प्रोत्साहन के लिए साधन बनाने के लिए क्या उपाय किये जायें। 1951 में प्रकाशित समिति की रिपोर्ट में संतोष ज़ाहिर करते हुए कहा गया कि यह प्रशंसनीय है कि फ़िल्म उद्योग बिना सरकारी सहयोग तथा विदेशी प्रतियोगिता के दबाव के बावजूद विशालकाय हो चुका है।[20] फिर भी समिति का विचार था कि केन्द्रीय सेंसर बोर्ड की स्थापना सही दिशा में उठाया गया कदम होगा।[21] इसके अलावा एक फ़िल्म समिति के गठन की पुरजोर वकालत की गई जो राज्य तथा फ़िल्म जगत के मध्य सेतु का कार्य कर सके। यह आशा प्रकट की गई कि फ़िल्म समिति विनियामक (Regulatory) भूमिका निभायेगी, ताकि फ़िल्म जगत, व्यावसायिक तथा अनुशासित होकर स्वस्थ मनोरंजन का साधन बन सकेगा।[22]

15 जनवरी 1951 को क्षेत्रीय सेंसर परिषदों की स्वायत्तता समाप्त की गई तथा उन्हें केंद्रीय सेंसर परिषद (CBFC) के संचालन में लाया गया। इस प्रकार सिनेमा केन्द्र सरकार की जिम्मेदारी बन गया। सेंसर परिषद ने फ़िल्मों को श्रेणियों में बाँटाः

केंद्रीय सेंसर परिषद के प्रथम अध्यक्ष ने फ़िल्म जगत को आश्वस्त करते हुए कहा कि नई नीति के अंतर्गत सेंसर की पुलिसिया भूमिका समाप्त की जाएगी।[23]

(1) जो प्रदर्शनीय नहीं है।

(2) जो अनियंत्रित सार्वजनिक प्रदर्शन योग्य है।

(3) जो केवल वयस्कों (18 वर्ष जिसे 1967 में बढ़ाकर 21 वर्ष निर्धारित किया गया) के प्रदर्शन योग्य हैं।

(4) जो अनियंत्रित सार्वजनिक प्रदर्शन योग्य है बशर्ते परिषद के निर्देशों (लम्बाई घटाना/दृश्यों को संपादित करना इत्यादि) का पालन किया जा चुका हो।

ठीक एक वर्ष बाद स्वतंत्र भारत का प्रथम सिनेमेटोग्राफ अधिनियम पारित किया गया। अधिनियम ने केन्द्र सरकार को अधिकृत किया कि (खण्ड II) वह सेंसर परिषद का गठन करे जो फ़िल्मों को प्रदर्शन के लिए अलग-अलग प्रकार के प्रमाण पत्र जारी करे।[24] राज्य सरकारों को अधिकार दिया गया कि यदि सेंसर के नियमों का उल्लंघन होता है तो वह केंद्र सरकार को तुरंत सूचित करें।[25] केंद्रीय सेंसर परिषद का अध्यक्ष सरकार द्वारा चयनित किया जाता है किंतु इसकी रोजमर्रा की कार्यप्रणाली नौकरशाही के हाथ में है जिसमें कई सदस्य प्रथम श्रेणी की लोक सेवा से सम्बन्ध रखते हैं। विगत वर्षों में यदि सेंसर परिषद के क्रिया-कलापों का विश्लेषण किया जाए तो यह स्पष्ट हो जायगा कि वह नौकरशाही की कठपुतली बन कर रह गया है।[25]

स्वतंत्र भारत के राज्य और सिनेमा के संबंधों को अन्य दृष्टि से भी देखा जा सकता है तथा जिसे माधव प्रसाद 'सौंदर्यशास्त्रीय' की संज्ञा प्रदान करते हैं।[26] प्रसाद के अनुसार 1960 के दशक में फ़िल्म वित्त निगम तथा फ़िल्म एवं टेलीविजन संस्थान की स्थापना से भारतीय फ़िल्मों के सौंदर्यशास्त्रीय स्वरूप को प्रभावित करने का प्रयास किया। उदाहरणस्वरूप निगम ने कम बजट की प्रयोगात्मक फ़िल्मों के निर्माण को प्रोत्साहन देकर भारतीय फ़िल्मों के इतिहास में एक नये अध्याय का उद्‌घाटन किया। ऐसी फ़िल्मों का निर्माण तभी संभव था जब उपयुक्त सिनेकर्मियों की आपूर्ति सुनिश्चित की जा सकती थी। पुणे फ़िल्म संस्थान से संभावना वास्तविकता में बदल गई। वित्त निगम (जिसे बाद में राष्ट्रीय फ़िल्म विकास निगम का नाम दिया गया) तथा फ़िल्म संस्थान से उत्तीर्ण विद्यार्थियों के साझा प्रयासों से जो फ़िल्में बनाईं उन्हें कलात्मक/समानांतर सिनेमा कहा गया। 1975 से राष्ट्रीय फ़िल्म विकास निगम (NFDC) को निर्देश दिया गया कि वह केवल व्यावसायिक रूप से सम्भावनापूर्ण फ़िल्मों के प्रस्तावों को स्वीकार करे।[27]

प्रारूप IV-A / FORM IV-A

नियम 35 (1) देखिए / See. Rule 35 (1)

भारत सरकार / GOVERNMENT OF INDIA

केन्द्रीय फिल्म प्रमाणन बोर्ड / CENTRAL BOARD OF FILM CERTIFICATION

यह प्रमाणपत्र केवल वीडियो फिल्मों के बाबत विधिमान्य है

THIS CERTIFICATE IS VALID FOR VIDEO FILMS ONLY

№ 18893

V/U FEATURE

भाग - 1 / PART I

प्रमाणपत्र सं. / Certificate No. VIL/43/44/2006-HYD

तारीख / Dated NOV 10 2006

श्रेणी / Category

वी/अ V/U

अनिर्बन्धित वीडियो / UNIVERSAL VIDEO

फिल्म / Film V E G A M " (TELUGU)(COLOUR) (DIGITAL FORMAT)

माप / Guage -- मिमि / MM

लंबाई / Length 134 MIN.

मि. रील / Mts Reels 01

(One Cassette)

"PASSED BY EC"

निम्नलिखित परीक्षण समिति/पुनरीक्षण समिति/फिल्म प्रमाणन अपील अधिकरण के सदस्यों द्वारा परीक्षण के पश्चात तथा उक्त परीक्षण समिति/पुनरीक्षण समिति/फिल्म प्रमाणन अपील अधिकरण की सिफारिशों पर बोर्ड एतद्द्वारा यह प्रमाणित करता है कि पीछे संलग्न भाग - २ में उपदर्शित कांट-छांट और उपान्तरों के अधीन फिल्म अनिर्बन्धित सार्वजनिक प्रदर्शन के लिए उपयुक्त है।

After examination of the film by the members of the Examining Committee/~~Revising Committee/Film Certification Appellate Tribunal~~ mentioned below and on the recommendations of the said Examining Committee/~~Revising Committee/Film Certification Appellate Tribunal~~, the Board hereby certifies that the film is fit for unrestricted public exhibition ~~subject to excisions and modifications listed in part II on the reverse~~ :

1. SMT P. SOUDHAMINI
2. SMT G. VIJAYALAKSHMI
3. SHRI P. SARATH KUMAR
4. SHRI N. SEETHARAMA RAJU
5. SHRI T.V.K. REDDY, EXAMINING OFFICER

यह और प्रमाणित किया जाता है कि अपरोक्त बोर्ड द्वारा अधिरोपित कांट छांट और उपान्तरों को वास्तव में कार्यान्वित किया गया है।

Further certified that the excisions and modifications imposed by the Board have actually been carried out.

आवेदक का नाम / Name of the Applicant SHRI J. JAGANNATH REDDY

निर्माता का नाम / Name of the Producer -DO-

FOR अध्यक्ष / Chairman (VIJAYKUMARREDDY THUMMA)

सिनेमेटोग्राफ अधिनियम (1952) के चरित्र में बुनियादी परिवर्तन लाने के लिए 1974 में महत्त्वपूर्ण संशोधित प्रस्ताव प्रस्तावित किये गये। दरअसल 1950-1970 के दरमियान भारतीय राज्य को विभिन्न प्रकार की चुनौतियों का सामना करना पड़ा था। बढ़ती आर्थिक विषमताएँ, राजनीतिक विखण्डन का संकट तथा सामाजिक और साँस्कृतिक विचलन ने सिनेमा को नये विषय उपलब्ध कराये। कई फ़िल्मों पर सेंसर की कैंची चली। कुछ का मामला अदालतों में निपटाया गया।[28] कुछ हद तक 1974 का संशोधन इन्हीं बेचैनियों को परिलक्षित करता है। संशोधन द्वारा छह क्षेत्रों में परिवर्तन लाया गया। (1) सेंसर बोर्ड की संरचना (2) सेंसरशिप के तरीके (3) पुनर्विचार-न्यायाधिकरण (Appellate Tribunal) के अधिकार दायरे (4) सेंसरशिप शुल्क (5) निर्णय लेने की अवधि (6) (सेंसर) प्रमाण-पत्र के प्रयोग का तरीका। उपरोक्त में सर्वाधिक महत्त्वपूर्ण रहा पुनर्विचार-न्यायाधिकरण सम्बन्धी परिवर्तन। 12 सदस्यीय प्राधिकरण में केवल 3 को सरकार द्वारा मनोनीत करने का प्रावधान रखा गया। यह फ़िल्म जगत के लिए बड़ी जीत से कम नहीं थी।

1981 में पारित सिनेमेटोग्राफ अधिनियम (दूसरा संशोधन) भारतीय सिनेमा के इतिहास में दूसरा महत्त्वपूर्ण मील का पत्थर है। सरकार ने केंद्रीय फ़िल्म सेंसरशिप

परिषद (Central Board of Film Censorship) का नाम बदल कर केंद्रीय फ़िल्म प्रमाणीकरण परिषद (Central Board of Film Certificate) रख दिया। हालांकि अपनी नीति को न्यायोचित ठहराने के लिए कोई सफाई प्रस्तुत नहीं कर सकी। सरकार यह नहीं बताना चाहती थी कि 'सेंसरशिप' को सर्टिफिकेशन (प्रमाणीकरण) में क्यों बदल दिया गया। इसका एक अर्थ यह हुआ कि भविष्य में भारत में बनाई जाने वाली सभी फ़िल्मों को सरकारी उत्पाद के रूप में देखा जाए। इसके अलावा पुनर्विचार-न्यायाधिकरण पर सरकारी प्रभाव बढ़ाने के लिए सदस्यों की संख्या घटा कर 4 निर्धारित की गई। यह सुनिश्चित किया गया कि उसका अध्यक्ष केवल उच्च न्यायालय का न्यायाधीश (अवकाश प्राप्त या सेवारत) ही हो सकेगा।[29] गौरतलब है कि 1981 के संशोधन में भी सेंसर परिषद को स्वायत्तता प्रदान करने की लम्बित माँग को नज़रअन्दाज कर दिया गया। जो पहली बार खोसला समिति ने 1967 तथा दूसरी बार 1980 में राष्ट्रीय फ़िल्म नीति समिति (बी.एस. कांरथ– अध्यक्ष) ने उठाई थी। हाँ, सरकार फ़िल्म जगत पर नियंत्रण बढ़ाने में पूरी तरह सफल हो गई।

हमने अपनी बात अभिव्यक्ति की स्वतंत्रता से शुरू की थी। अमेरिकी संविधान का प्रथम संशोधन सभी नागरिकों को अभिव्यक्ति की असीमित स्वतंत्रता प्रदान करता है। इसी प्रकार अलिखित होते हुए भी ब्रिटिश संविधान रवायत और दस्तूरों के ज़रिये अपने नागरिकों को अभिव्यक्ति के मामले में निर्बाध स्वतंत्रता देता है। भारतीय संविधान ने अनुच्छेद 19(1) द्वारा स्वतंत्र अभिव्यक्ति के अधिकार दिये हैं किंतु अनुच्छेद द्वारा उस पर कुछ शर्तें भी आरोपित की हैं। आखिर सार्वजनिक हित है क्या बला? भौमिक के अनुसार वह एक परिकल्पित समुदाय है जो व्यक्ति तथा राज्य के बीच कहीं भी मौजूद रह सकता है। इस तरह व्यक्ति की अभिव्यक्ति 'राज्य' तथा परिकल्पित 'सार्वजनिक' के तले दबाई जा सकती है। हॉल तक भारतीय फ़िल्मों में चुम्बन प्रतिबन्धित था। खोसला कमेटी की रिपोर्ट (1969) में इस बात का उल्लेख है कि चुम्बन पर प्रतिबंध एक अलिखित नियम पर आधारित है। जबकि लिखित नियम कहता है कि केवल ऐसे दृश्य जिसमें संभोग दिखलाया जा रहा हो या साँकेतिक दृष्टि से अनैतिक हो–प्रतिबंधित किये जा सकते हैं। प्रसाद के अनुसार इस मामले में भारतीय राज्य की दृष्टि उपनिवेशकालीन है।[31] वैश्वीकरण तथा उदारीकरण के दौर में चुम्बन पर प्रतिबंध हटाने का क्या यह अर्थ हो सकता है कि 'सार्वजनिक हित' की परिभाषा बदल गई है?

वस्तुतः राज्य तथा सांस्कृतिक उत्पादन के अन्तःसम्बन्धों को और अधिक गहराई से देखने की ज़रूरत है। सेंसरशिप द्वारा राज्य किसकी स्वतंत्रता को प्रभावित करता है–प्रेषक की अथवा प्राप्तकर्ता की? निस्संदेह फ़िल्म के आख्यान में काट-छाँट

के आदेश देकर राज्य प्राप्तकर्ता के उन मौलिक अधिकारों की अवहेलना करता है जो संप्रेषण तथा उसके आदान (reception) से सम्बन्धित हैं। यह अधिकार तभी सुरक्षित रह सकते हैं जब सेंसर की कैंची को चलने से पूरी तरह रोक दिया जाय। भौमिक के अनुसार भारतीय सिनेमेटोग्राफ के प्रमाणीकरण सम्बन्धी नियम सेंसरशिप की समस्या को और भी जटिल बना देते हैं।[32] नियम के परिच्छेद 22(4) में लिखा है कि परीक्षण के लिए सभी फ़िल्मों के किये गये पूर्वालोकन की रिपोर्ट तथा दस्तावेज गोपनीय माने जायेंगे। शोधार्थियों को इतनी रियायत दी गई है कि यदि वह चाहें तो पुणे स्थित राष्ट्रीय फ़िल्म अभिलेखागार में सेंसर द्वारा काटे गये टुकड़ों का अध्ययन कर सकते हैं किंतु संपादन के कारणों से जुड़े दस्तावेजों को उनके दायरे से बाहर रखा जायगा।

विश्व-सिनेमा पर दृष्टि डाली जाए तो फ़िल्मों को सेंसर की परिधि में लाने के तीन आधार-बिंदु अनुरेखित किये गये हैं। काम, हिंसा तथा राजनीति। राज्य हमेशा सफाई देते आये हैं कि बच्चों और अन्य संवेदनशील समूहों को बचाने के लिए सेंसरशिप आवश्यक है। फिर भी यूरोप और अमेरिका में विगत दशकों में फ़िल्म निर्माताओं, लेखकों तथा अन्य संस्कृतिकर्मियों के दबाव तथा न्यायपालिकाओं के हस्तक्षेप के कारण सेंसरशिप सम्बन्धी नियमों में काफ़ी ढील लाई गई है। मसलन अमेरिका में 60 तथा ब्रिटेन, स्पेन, जर्मनी और फ्रांस में इसके लक्षण 70 के दशक में देखे जा सकते हैं। वर्तमान अमेरिका तथा कुछ अन्य देशों में कानूनी तौर पर किसी भी फ़िल्म को सेंसर नहीं किया जा सकता है। विकल्प के रूप में हॉलीवुड ने संघीय हस्तक्षेप से बचने के लिये आत्म संयम के नये तरीके ईजाद किये हैं। जैसे हेज अफिस/कोड अथवा 1934 में आपसी सहमति से जारी की गई 10 सूत्रीय संहिता जिसे मोशन पिक्चर एसोसिएशन ऑफ अमेरिका द्वारा अक्षरश : स्वीकार कर लिया गया था।

भारत में स्थितियाँ पूर्णतया भिन्न हैं। फ़िल्म जगत को स्वातंत्रोत्तर कालीन दबावों के अलावा उन वैचारिक आग्रहों को वहन करना पड़ा जिनकी उत्पत्ति औपनिवेशिक काल में हुई थी, साथ ही एक उद्योग के रूप में वह इतना समर्थ नहीं है जितनी कि हॉलीवुड। हॉलीवुड ने अपनी लंबी यात्रा में राज्य के साथ संवाद और सौदेबाजी के अनेकानेक कीर्तिमान स्थापति किये हैं। भारतीय सिनेमा की त्रासदी यह रही है कि उसे नियंत्रण और विनियमन की ऐसी संस्थाओं से जूझना पड़ा है जिनकी प्रेरक शक्ति नौकरशाही है। यदि हम अपनी बात 1952 के सिनेमेटोग्राफ अधिनियम से आरंभ करें तो 1984 में पारित दूसरे संशोधन तक पहुँचते-पहुँचते स्वतः ही स्पष्ट हो जायेगा कि भारतीय राज्य ने नौकरशाही के सशक्तीकरण की कोई

कसर नहीं छोड़ी। यह कहना मुश्किल है कि अगर राज्य सभी प्रतिबंधों को हटा ले तो फ़िल्म उद्योग आत्मसंयम द्वारा स्वयं को दिशा प्रदान करने में सफल हो जायगा।

संभवतः इस गुत्थी का हल तीसरे विकल्प को अपनाकर ढूँढ़ निकाला जा सकता है। अर्थात् समाज का सार्वजनिक हित क्या है? अभिव्यक्ति की सीमायें कहाँ तक होनी चाहिए तथा बदलते समय के साथ उन्हें किस प्रकार पुनर्निर्धारित किया जाए? यह समाज तथा राज्य साझा तौर पर तय करें। उसके लिए सिनेमा और उसकी संस्कृति के प्रत्येक पहलू को सार्वजनिक बहस का मुद्दा बनाया जाना अनिवार्य है। केवल सार्वजनिक बहस द्वारा निर्धारित किया जाए कि मौजूदा समय में जिसे अच्छा-बुरा, मर्यादित-अमर्यादित, भारतीयता-अपसंस्कृति इत्यादि कहा जाता है उसके परिमाण क्या हैं? बहस को स्वस्थ और संतुलन को कायम रखने के लिए जरूरी है कि इसमें फ़िल्म उद्योग, नौकरशाही, बौद्धिक समाज तथा जन-साधारण के प्रतिनिधि सक्रियता के साथ हिस्सेदारी करें। यह जरूरी नहीं कि पहली बार में ही बहस के नतीजे सकारात्मक होंगे। 1989 में प्रकाशित The Structural Transformation of the Public Sphere : An Enquiry into a Category of Burgeoes Society में युर्गन हेबरमास ने बुर्जुआ समाज की उत्पत्ति और विकास के लिए सार्वजनिक क्षेत्र (Public Sphere) के सतत् विस्तार को प्राणभूत बतलाया था।[33] कदाचित सिनेमा की सृजनशीलता को कायम रखने तथा नागरिक समाज को सशक्त बनाने की दिशा में उठाया गया यह महत्त्वपूर्ण कदम होगा।

अध्याय आठ

राष्ट्र में सिनेमा/ सिनेमा में राष्ट्र

बेनेडिक्ट एण्डरसन

जे.पी. दत्ता

राष्ट्र में सिनेमा/ सिनेमा में राष्ट्र

बॉलीवुड और राष्ट्रीय विमर्श के अंतःसंवाद को गहराई से समझने के लिए विगत वर्षों में राष्ट्र को लेकर चल रही बहस पर नज़र डालना जरूरी है। बहस कितनी भी सुरुचिपूर्ण क्यों न हो यह दुर्भाग्यपूर्ण है कि उसके केन्द्र में सदैव यूरोप रहा है। यूरोपियन साहित्य में राष्ट्र को सामान्यतः पूर्व-औद्योगिक/सामंती समाज की आधुनिक/पूँजीवादी समाज में परिणति के रूप में देखा गया। ज़्यादातर यूरोपीय चिंतक मानते हैं कि केवल औद्योगिक समाज ही उन राजनीतिक-आर्थिक परिस्थितियों को जन्म दे सकता है जो राष्ट्रीय चेतना के विकास के लिए अनिवार्य है। इसी प्रकार राजनीतिक चिंतक बेनेडिक्ट एण्डरसन, राष्ट्रवाद की जड़ों को औद्योगिक यूरोप में होने वाले वैचारिक मंथन में तलाशते हैं। एण्डरसन के अनुसार यूरोप में राष्ट्रीय चेतना का उद्भव तब हुआ जब प्रबोधन के युग की प्रमुख प्रवृत्ति, धर्म निरपेक्ष तार्किकता ने परम्परागत मान्यताओं को विच्छिन्न करते हुए एक नये विचार, अर्थात् 'राष्ट्र' को जन्म दिया। इसके लिए उसने मुद्रण प्रणाली (मुद्रण पूँजीवाद) को अपना साधन चुना। मुद्रण संस्कृति के प्रचार से अजन्मे राष्ट्र की परिकल्पनाएं की जाने लगीं। इस तरह राष्ट्र एक परिकल्पित समुदाय के रूप में अस्तित्व में आया।[2] एण्डरसन का मत यूरोपीय होने के साथ-साथ हीगेलवादी भी हैं।[3] जिस प्रकार हीगेल ने यूरोपीय सभ्यता की यात्रा को 'अंधकार' से 'प्रकाश' की ओर उन्मुख रेखीय वृत्तान्त के रूप में प्रस्तुत किया था उसी प्रकार एण्डरसन भी तर्क और आधुनिकता की विकास यात्रा में राष्ट्र को अंतिम पड़ाव मानते हैं।[4]

राष्ट्र की उपरोक्त व्याख्याओं को सार्वभौम रूप में स्वीकार करने में दिक्कतें तब महसूस होने लगीं जब एशियाई/अफ़्रीकाई समाजों ने उपनिवेशवाद-विरोधी

संघर्षों को आज़ादी के आन्दोलनों में बदल दिया। यूरोप की समाजवादी इकाइयों के लिए उपनिवेशों में चल रहे राष्ट्रीय आन्दोलन चुनौती बन गये। इस प्रकार शुरू हुआ एशियाई/अफ्रीकाई राष्ट्रवाद को आधुनिकता-विरोधी विचार के रूप में प्रस्तुत किया जाना। हॉल में सोवियत रूस के विघटन के बाद पूर्वी यूरोप, अफगानिस्तान तथा ईराक में चल रहे जन संघर्षों ने इस धारणा को मजबूत बनाया। राजनीति शास्त्री टाम नैर्यन का तर्क है कि राष्ट्रवाद उस युनानी देवता 'जेनस' की भाँति है जो द्विमुखी है। इसलिए राष्ट्रवाद आधुनिकता के आग्रहों को कुछ हद तक स्वीकार करते हुए उसकी कड़ी आलोचना भी प्रस्तुत करता है।[5] स्पष्ट है कि नैर्यन आधुनिकता की आड़ में चलाई जा रही उपनिवेशीकरण की परियोजना तथा उसके नकार का श्रेय भी आधुनिकता को ही दे रहे हैं, न कि आज़ादी के आन्दोलन को। बीसवीं शताब्दी के उत्तरार्द्ध के राष्ट्र-राज्यों के बनते-बिगड़ते परिदृश्य को देखते हुए मार्क्सवादी इतिहासकार एरिक,शताब्दी के अंत में चलने वाले राष्ट्रीय आन्दोलनों को मूलतः नकारात्मक और विघटनकारी मानते हैं। हॉब्सवॉम के अनुसार इन आन्दोलनों ने 'राष्ट्र' अथवा राष्ट्र-राज्य की अवधारणा को ही अप्रासंगिक बना दिया है।[6]

स्पष्ट है कि राष्ट्रवाद की यूरोपीय व्याख्या की सहायता से गैर-यूरोपीय देशों की राष्ट्रीय संवेदना को समझना दोषपूर्ण होगा। अतएव बुद्धिजीवियों द्वारा एशियाई तथा अफ्रीका में नये राष्ट्रों को अस्तित्व में लाने के लिए औपनिवेशिक आधुनिकता के तथाकथित योगदान को संशय की दृष्टि से देखना प्रारम्भ किया। इसके साथ आरंभ हुई परंपरा में राष्ट्रीय जागरण की जड़ों की तलाश। राष्ट्रीय परियोजना से जनमानस को जोड़ने के लिए दृश्य और प्रदर्शन कलाओं की सहायता ली जाने लगी। गौरतलब है कि भारत में उपनिवेश काल में परंपरागत जलसों तथा साँस्कृतिक प्रदर्शनों (रामलीला/रासलीला/झाँकियों/धार्मिक जलसों/पर्वों) का चरित्र बदलने लगा था। बीसवीं शताब्दी के आरम्भ से उत्सवों और प्रदर्शनों का प्रयोग राजनीतिक उद्‌देश्यों की पूर्ति के लिए भी किया जाने लगा। दरअसल औपनिवेशिक काल में उत्सवों तथा प्रदर्शन पर उसके परंपरागत कद्रदानों (सामंतों/रजवाड़ों) की पकड़ ढीली पड़ गई थी और उन पर मध्यम वर्ग का वर्चस्व स्थापित हो गया था। मिसाल के तौर पर घुमन्तू थियेटर मंडलियाँ और फ़िल्म कम्पनियाँ। बीसवीं शताब्दी तक पहुँचते-पहुँचते इन संस्थाओं के साथ जन-साधारण भी जुड़ने लगा। कुछ हद तक इसी नवीन दृश्य-संस्कृति, न कि मुद्रित पाठ के प्रसार ने भारतीय मानस की कल्पनाशीलता को अधिक आन्दोलित किया।

दूसरे महायुद्ध के बाद जब पूर्वी-उपनिवेशों में चल रहे राजनीतिक संघर्षों में प्रबलता उत्पन्न हुई, तो यह माना जाने लगा कि साम्राज्यवाद के विरोध में स्वयं इतनी

क्षमता है कि समाज के सभी वर्ग और समुदाय खुद-ब-खुद साम्राज्यवाद विरोधी मोर्चे में शामिल होते चले जायेंगे, चाहे उनके व्यक्तिगत हित कितने ही परस्पर-विरोधी क्यों न हों। 'रेचेड ऑफ द आर्थ' में अल्जीरियाई चिंतक ने इसी दृष्टिकोण को सहज भाव से व्यक्त किया था।[7] फेनो लिखते हैं कि किसान, मजदूरों, पूंजीपतियों और सामंतों के बीच नैतिक एकता स्थापित करने से गुलाम देशों को अपने जख्मों को भरने का अच्छा अवसर मिलता है।[8] लेकिन स्वतंत्रता प्राप्ति के कुछ वर्षों बाद ही पूर्वी उपनिवेशों को एहसास होने लगा कि लंबे संघर्षों के फलस्वरूप मिली एकता वास्तव में एक छलावा है, उन्हें यह भी आश्चर्य हुआ कि सत्ता पर आसीन राष्ट्रीय नायक, पूरे होशोहवास के रहते हुए भी उन्हीं दुराग्रहों का शिकार हो चलें थे जिनके वह कभी स्वयं कटु आलोचक हुआ करते थे। ऐसे नायक वही ज़बान बोलने तथा साधनों का प्रयोग करने लगे जो कभी उपनिवेशकालीन अन्याय और उत्पीड़न के प्रतीक थे। स्वतंत्रता की बेला पर भारतवासियों को कुछ समय के लिए भ्रम हुआ कि दासता से मुक्ति पाने के बाद उनकी सभी मुश्किलें हल हो जाएँगी और राष्ट्र निर्माण के एजेण्डे को निर्बाध रूप से लिखा जा सकेगा। 15 अगस्त 1947 के उन्माद और हर्षोल्लास भरे वातावरण में शायद अधिकतर भारतवासी अपने सभी मतभेदों को भुला कर एक सुन्दर भविष्य की कल्पना कर रहे होंगे। खासकर तब, जब बँटवारे की पीड़ा ने उन्हें राष्ट्रीय एकता तथा अखण्डता के प्रति अधिक संवेदनशील बना दिया हो। वस्तुतः राष्ट्र-निर्माण की प्राथमिकताओं को अनुरेखित करने की योजना स्वतंत्रता मिलने से पहले ही शुरू हो गई थी। किसान, मजदूरों, पिछड़ी जातियों और क्षेत्रीय राजनीति के हितों को ध्यान में रखते हुए भावी राष्ट्र की आकर्षक तस्वीरें बनाई जाने लगी थीं। 1930 के दशक तक पहुँचते-पहुँचते यह लगभग तय हो चुका था कि उपक्षित वर्गों/जातियों/समुदायों, स्त्रियों की सहभागिता के बिना राष्ट्र-निर्माण की योजना अधूरी रहेगी। फलस्वरूप जब भारत स्वतंत्र हुआ तो नये संविधान में लोकतंत्र, समानता, एकता, मानवाधिकार तथा अन्य अधिकारों को प्रधानता दी गई। इसके अलावा पंचवर्षीय और विशेष परियोजनाओं द्वारा पिछड़ेपन और गरीबी निवारण के राष्ट्रीय संकल्पों को दोहराया गया।

व्यवहार में राष्ट्रीय आदर्शों को ढालना कठिन साबित हुआ। अपने लंबे सफर में भारतीय राष्ट्र को कई वैचारिक पड़ावों से गुजरना पड़ा। विगत तिरसठ वर्षों में उसने उपनिवेशवाद, राजतंत्रवाद तथा सामंतवाद को नकारा, समाजवाद और कल्याणवाद से सम्बन्ध जोड़ने तथा उदारीकरण और वैश्वीकरण का उत्साह से स्वागत किया। इस प्रकार भारतीय राष्ट्र की यात्रा वैचारिक अंतर्विरोधों से परिपूर्ण रही। बढ़ती असमानताएँ, जाति संघर्ष, कट्टरपंथ का उदय, राजनीतिक पृथकतावाद, बाज़ार और उपभोग के दबाव में संस्कृति और मनोरंजन के बदलते अर्थ, घटती आत्मीयता और

प्रतियोगी व्यक्तिवाद की विराट उपस्थिति को देखकर राष्ट्रीय दावों के प्रति विश्वास घटने लगता है। दरअसल, ब्रिटिश शासकों के पलायन के बाद भी भारतीय राज्य की नौकरशाही, न्याय पालिका, पुलिस और सैन्य प्रशासन का संरचनात्मक तथा मनोवैज्ञानिक आधार ज्यों का त्यों बना रहा। पार्थ चटर्जी के अनुसार नागरिक और फौजदारी कानूनों में महत्त्वपूर्ण परिवर्तन लाये गये, किन्तु जिन्हें प्रभावी तौर पर लागू नहीं किया जा सका। इसी प्रकार राष्ट्रवाद के सरकारी संस्करण तैयार किये गये, जो आज़ादी की लड़ाई के आदर्शों तथा उदारता से कोसों दूर थे।[10] कभी-कभी ऐसा प्रतीत होने लगा कि भारतीय राष्ट्रवाद सचमुच एक व्युत्पादित विमर्श है।[11]

आधुनिक राष्ट्र-राज्य हस्तक्षेप में विश्वास रखते हैं। किन्तु हस्तक्षेप की हदों को तय करना मुश्किल होता जा रहा है। सर्व शक्तिशाली राष्ट्र तय करता है कि विकास क्या है? विकास किसका होना चाहिए? कौन राष्ट्रभक्त हैं, कौन राष्ट्रद्रोही अथवा आतंकवादी? चाहे कश्मीर, पंजाब और उत्तर-पूर्वी राज्यों के असहमति भरे स्वर हों या असमान विकास। विस्थापन के खिलाफ मुखरित होता प्रतिरोध अथवा हिंसा के विरुद्ध स्त्रियों की गुहार, सर्वशक्तिमान राष्ट्र-राज्य ही तय करता है कि लोकतंत्र में प्रतिरोध के साथ क्या सुलूक किया जाय। राष्ट्र-राज्य ने कला, साहित्य और संगीत के क्षेत्रों में भी हस्तक्षेप किया। इस उद्देश्य से अकादमियाँ स्थापित की गईं, बाद में यह संस्थायें सत्तासीन राजनीतिक दलों की विचारधाराओं को प्रसारित करने वाली समस्याएँ बनकर रह गईं। कम से कम भारत का तो यही अनुभव रहा।

हिन्दी सिनेमा तथा भारतीय राष्ट्र के अन्तःसम्बन्ध तभी से स्थापित होने लगे थे जब सिनेमा अस्तित्व में आया। सिनेमा के दृश्य आख्यान में राष्ट्र, काल विशेष, के प्रधान सरोकारों के रूप में प्रवेश करता है। राष्ट्रीय जागरण के काल में उपनिवेशवाद का विरोध तथा भावी राष्ट्र की परिकल्पनायें, सिनेमा के प्रधान सरोकार थे। अतएव पश्चिमी संस्कृति की आलोचना, सामंतवाद और पूँजीवाद का नकार, अस्पृश्यता का प्रतिवादी, नारी शिक्षा और ग्रामीण जीवन की सादगी, हिन्दी सिनेमा के प्रिय विषय बने। स्वतंत्रता प्राप्ति के तुरंत बाद आर्थिक विकास और आदर्श समाज को प्रधान चिंताओं के रूप में देखा गया। सिनेमा में, समाज को दूषित करने वाले तत्त्वों (कालाबाज़री, सट्टा, राजनीतिक, भ्रष्टाचार, अपराध) तथा विकास को अवरुद्ध करने वाले तत्त्वों की निशानदेही की जाने लगी। 1960 के बाद आज़ादी के स्वप्न बिखर जाने के लक्षण दृश्यमान हुए। बावजूद इसके, कई फ़िल्मकार हल्की फुल्की रूमानी फ़िल्में बनाते रहे। फिर भी राज कपूर, विमल राय तथा चेतन आनन्द गुरुदत्त की चुनिंदा फ़िल्मों में सत्ता के खिलाफ सुगबुगाहट सुनी जा सकती है।

70-80 के दशकों में बने समानान्तर सिनेमा ने इस प्रवृत्ति को कुछ हद तक उभारा। इन दशकों में ऐंग्री यंग मैंन (अमिताभ बच्चन) का बिम्ब अत्यन्त लोकप्रिय हुआ किन्तु फ़िल्मकारों ने व्यवसाय को बदलने के लिए सामुदायिक कार्रवाई की वकालत नहीं की। शताब्दी के अंत होने तक पंजाब और कश्मीर में चल रहे पृथकतावादी आन्दोलनों में उग्रता देखी गई, किन्तु फ़िल्मकारों ने इन प्रदेशों के लोगों की संवेदनाओं के प्रति प्रायः तटस्थता दिखाते हुए (गुलज़ार की फ़िल्म माचिस को छोड़कर) पाकिस्तान और उसकी खुफिया एजेन्सियों द्वारा प्रशिक्षित उग्रवादियों को राष्ट्र का दुश्मन ठहराते हुए, उनके प्रति कड़ा रुख अपनाने की वकालत की। इस दौर में अपराध और माफ़िया का महिमा मण्डन करने वाली कई फ़िल्में बनीं। नब्बे का दशक उदारीकरण और वैश्वीकरण का काल भी रहा। हिन्दी सिनेमा न केवल बॉलीवुड के नाम से जाना जाने लगा, बल्कि उसके आख्यात्मक चरित्र में भी महत्त्वपूर्ण परिवर्तन देखे गये। बॉलीवुड संस्करण के रूप में हिन्दी सिनेमा का पूर्ण शहरीकरण हो गया। दो-एक उदाहरणों को छोड़कर वह महानगरीय जीवन और उसकी पंच सितारा संस्कृति की गाथायें बन गईं, उधर प्रवासी भारतीयों ने वॉलीवुड की क्षमता को पहचानते हुए निर्माता और दर्शक की हैसियत से जबर्दस्त समर्थन दिया।

प्रारम्भ में हिन्दी सिनेमा का दर्शक वही था जो मध्यम वर्गीय शहरी संस्कृति का प्रतिनिधि था। वह थियेटर या घुड़दौड़ देखने का आदी था, जहाँ उसे समान हैसियत वाले लोगों के साथ मनोरंजन का भरपूर मौका मिलता था, किन्तु फ़िल्मों के आगमन से उसे साधारण लोगों की उपस्थिति को बर्दाश्त करना पड़ा, हालाँकि साधारण दर्शक अग्रिम पंक्तियों में सस्ती दरों की सीटों में बैठा करते थे, उन दिनों फ़िल्मों की सफलता बॉक्स ऑफ़िस के कारोबार द्वारा तय की जाती थी, इसलिए सिनेमाघरों की दृष्टि से सस्ते टिकटों का अधिक बिकना फायदेमंद प्रस्ताव था। यह स्थिति लगभग 70 के दशक तक बनी रही। 80 के दशक में होने वाली वीडियो क्रांति से कई सिनेमाघर बन्द होने लगे। छोटे-बड़े शहरों तथा कस्बों में दर्शक वीडियो प्लेयर खरीद कर या किराये पर लाकर घर में फ़िल्में देखने का आनन्द उठाने लगे। बीसवीं शताब्दी के अंत के मल्टी प्लैक्सों के निर्माण से दर्शकों ने पुनः सिनेमाघरों की ओर रुख किया। किन्तु साधारण दर्शक इस आनंद से महरूम होता चला गया। इस बिन्दु पर यह पूछना समीचीन हो जाता है कि वर्तमान में हिन्दी सिनेमाघरों के दर्शक हैं कौन? उसे किस प्रकार चिन्हित किया जाए? तेजस्वी निरंजना के अनुसार हिन्दी सिनेमा के दर्शक का चरित्र परराष्ट्रीय है अर्थात प्रवासी भारतीयों के अलावा ऐसे दर्शक भी हैं जिनका भारत के भूगोल या इतिहास से कोई सम्बन्ध ही नहीं है फिर

भी वह. बॉलीवुड सिनेमा को देखते हैं।[12]

सिनेमा के शुरुआती दौर में महाराष्ट्र तथा बंगाल के कुछ दूरदर्शी उद्यमियों ने सिनेमा के महत्त्व को समझा और उसे स्वदेशी संस्कृति के प्रचार-साधन में बदलने का संकल्प लिया। इस कार्य में जमशेदजी प्रेमजी मदन, अब्दुल्ला अली, युसुफ अली, ढुंढिराज गोविन्द फाल्के और सखाराम माटवेडकर अग्रणी रहे। भारत में फ़िल्में बनने के औचित्य को स्पष्ट करते हुए फाल्के ने फ़र्माया : "वह स्वदेशी आन्दोलन का दौर था। सौभाग्य से मैं वहाँ सफल हुआ जहाँ अन्य असफल हो चुके थे। अतएव मैंने उसे (सिनेमा) स्थायी तौर पर स्थापित करने का निर्णय लिया। ताकि मेरी तरह हजारों कलाकर्मियों को रोजगार मिले।"[13] लगभग मिलते-जुलते विचारों को व्यक्त करते हुए भारत के सर्वप्रथम टाकीज के निदेशक अर्देशर ईरानी ने कहा : "जब मैंने शो बोट देखी तो मैं भारत में सवाक फ़िल्में बनाने के लिए अभिप्रेरित हुआ। प्रारम्भ में यह योजना जोख़िम भरी प्रतीत हुई क्योंकि सवाक फ़िल्मों के निर्माण के लिए न तो सुविधाएं उपलब्ध थीं और न ही यंत्र। फिर भी मैंने अपनी तैयारी जारी रखी क्योंकि अपनी राष्ट्रीय भाषा में फ़िल्में बनाने का प्रलोभन रोका नहीं जा सकता था।"[14] इस तरह हिन्दी सिनेमा के अग्रणियों ने भारत के फ़िल्म निर्माण को उस परियोजना से जोड़ा जिसे साँस्कृतिक राष्ट्रवाद के नाम से जाना जाता है।

मनोरंजन का नया माध्यम होने के बावजूद सिनेमा तेजी से लोकप्रियता की ऊँचाइयों को छूने लगा। सिनेमाघरों के साथ-साथ दर्शकों की संख्या में भी अभूतपूर्व वृद्धि हुई। दर्शकों पर अपनी पकड़ बनाये रखने के लिए थियेटर स्वामी यूरोप और अमेरिका से नवीनतम यंत्रों का आयात कर उन्हें विज्ञापित करते। 1906-1947 के बीच प्रकाशित टाइम्स ऑफ इंडिया तथा बाम्बे क्रॉनिकाल के अंकों में ऐसे सैकड़ों विज्ञापन देखे जा सकते हैं। यद्यपि सिनेमा विदेशी आविष्कार था फिर भी फाल्के ने इसे स्वदेशी माध्यम में बदल दिया। फाल्के ने पौराणिक कहानियों पर आधारित फ़िल्में जैसे श्रीकृष्ण जन्म (1917), लंका दहन (1919), कालिया मर्दन (1922) बनाईं। इस परंपरा का अनुकरण फाल्के के समकालीन शांताराम ने सुरेखा हरण (1921) तथा कृष्णावतार जैसी फ़िल्में बना कर किया। पौराणिक मिथकों पर आधारित फ़िल्मों के अलावा सुधार-केन्द्रित फ़िल्मों का निर्माण होने लगा, जिन्हें टॉपिकल्स कहा जाता था। मसलन इंग्लैण्ड रिटर्न (1921) में निर्देशक धीरेन्द्र गाँगुली ने उन भारतीयों पर व्यंग्य कसा जो पाश्चात्य सभ्यता की चकाचौंध से अपनी जड़ों को भूल चुके थे। इस शृंखला के चंदूलाल शाह ने टाइपिस्ट गर्ल (1926), गुणसुन्दरी (1927), विश्व मोहिनी (1929), बैरिस्टर्स वाइफ़ (1936) बनाकर नारी प्रश्न को सिनेमा से जोड़ा। शाँताराम ने दुनिया ना माने (1937) का निर्देशन किया जो ऐसी

साहसी युवती की कहानी है जिसने एक बड़े विधुर के साथ दाम्पत्य जीवन बिताने से इनकार किया।

मिल मजदूरों की जिन्दगी पर मोहन भावनानी के निर्देशन में बनी पहली फ़िल्म 'मजदूर' (1934) है। इसकी पटकथा मुंशी प्रेमचंद ने लिखी थी। मजदूर की कामयाबी का अंदाज इस बात से लगाया जा सकता है कि फ़िल्म के राजनीतिक परिणामों के भय से मुम्बई में प्रदर्शन पर रोक लगाने की कोशिश की गई, जबकि दिल्ली में इसके प्रदर्शन को प्रतिबंधित किया गया। प्रदर्शन का सबसे गहरा प्रभाव लाहौर में पड़ा, जहाँ प्रदर्शन के बाद ही दंगे भड़क उठे। इसी समय कालीप्रसाद घोष के निर्देशन में बनी 'शहर का जादू' (1934) का नगरीय जीवन की पतनोन्मुख संस्कृति के बारे में पहला स्पष्ट बयान है। फ़िल्म का नायक सुंदरलाल अपनी पत्नी और बेटी को छोड़ कर शहर चला जाता है। शहर पहुँचने पर तरह-तरह के कुचक्रों में फँसता चला जाता है उधर सुन्दरलाल की साहसी बेटी पिता की खोज में शहर पहुँचती है। जहाँ उसका तआरूफ एक बीमार समाज से होता है। कालांतर के वह अपने लक्ष्य को प्राप्त कर लेती है। 1936 में बाम्बे टाकीज के बैनर तले 'अछूत कन्या' का निर्माण हुआ जो दशक की सर्वाधिक चर्चित फ़िल्मों में रही। हालाँकि इसके पहले भी अस्पृश्यता-विषयक फ़िल्मों का निर्माण हो चुका था, फिर भी समूची फ़िल्म में इस विषय को लक्षित करने का प्रथम प्रयास था।

युद्ध काल में कई महत्त्वपूर्ण फ़िल्मों का निर्माण हुआ जिसमें एन.आर. आचार्य की 'संसार' (1941), महबूब की 'औरत' (1940), 'रोटी' (1943), 'अनमोल घड़ी' (1946), ज्ञान मुखर्जी की 'किस्मत' (1943) तथा शाँताराम की 'डाक्टर कोटनिस की अमर कहानी' (1946) प्रमुख हैं। 'संसार' एक ईमानदार और निर्भीक युवा पत्रकार की कहानी है जो छुआछूत का विरोध करते हुए युवा पीढ़ी के सामने एक नया आदर्श प्रस्तुत करता है। 'रोटी', 'औरत' तथा 'अनमोल घड़ी', ग्रामीण जीवन की सादगी और सच्चाई की सर्वश्रेष्ठता को स्थापित करती हैं। 'भारत छोड़ो आन्दोलन' के उत्ताल दौर में प्रदर्शित फिल्म को सेंसर बोर्ड की आँखों में धूल झोंककर युक्तिपूर्ण तरीके से 'आज हिमालय की चोटी से फिर हमने ललकारा है। दूर हटो तुम दुनियावालो हिन्दुस्तान हमारा है' फ़िल्माया गया। इसी प्रकार 'डाक्टर कोटनिस की अमर कहानी' ऐसे देशभक्त डॉक्टर की शौर्य गाथा है जो जापानी साम्राज्यवाद के उत्पीड़न से पीड़ित चीनी लोगों का हृदय जीत लेता है।[15]

आज़ादी के बाद का सिनेमा नवोदित राष्ट्र की आकाँक्षाओं और विडंबनाओं से अछूता नहीं रहा। अब राष्ट्र को उसके राजनीतिक, आर्थिक और सामाजिक कार्यक्रमों के रूप में चिन्हित किया जाने लगा, दूसरी ओर राष्ट्र निर्माण को बाधित

करने वाली समस्त प्रवृत्तियों (भ्रष्टाचार, कालाबाज़ारी, साँप्रदायिक वैमनस्य, सामंती शोषण, दलितों और स्त्रियों का शोषण) की पड़ताल की गई। यह आश्चर्यजनक है कि बँटवारे को प्रत्यक्षतः सम्बोधित करने वाली फ़िल्म के लिए दर्शकों को एम.एस. मैथ्यू के निर्देशन में बनी गर्म हवा (1973) की प्रतीक्षा करनी पड़ी। हालाँकि 1947-73 के बीच निर्मित दो फ़िल्मों—एम.एल. आनंद की 'नरगिस' (1949) तथा बी.आर. चोपड़ा की 'धर्मपुत्र' (1954) का निर्माण हुआ। दोनों फ़िल्मों में बँटवारे का आर्तनाद नेपथ्य में सुना जा सकता है। 'गर्म हवा' के बाद पैमेला रुक्स की 'ट्रेन टू' पाकिस्तान (1977), मीरा नायर की 'द अर्थ' : (1947, 1999), अनिल शर्मा की 'गदर' (2001), चन्द्र प्रकाश द्विवेदी की 'पिंजर' (2003) तथा सबीहा सुमर की 'खामोश पानी' (2003) बँटवारे को चिह्नित करने वाली फ़िल्में हैं। यानि स्वतंत्रता के 63 वर्षों बाद कुल 6-7 फ़िल्में जो भारतीय उपमहाद्वीप की सबसे बड़ी त्रासदी को सम्बोधित करती हो।[16]

बावजूद इस कमी के 1950 का दशक (जिसे सिनेमा के लिए एक महत्त्वपूर्ण स्वर्णिम काल भी कहा जाता है।) हिन्दी सिनेमा के लिए महत्त्वपूर्ण मील का पत्थर रहा। दशक के महत्त्वपूर्ण प्रतिनिधि महबूब, विमल राय, राज कपूर तथा गुरुदत्त हैं जिन्होंने स्वातंत्रयोत्तर कालीन भारत की मानसिकता को समझने का प्रयास किया। महबूब की 'मदर इंडिया' में नेहरू के भारत में क्रियान्वित सामुदायिक विकास (Community Development) कार्यक्रम की अनुगूँज सुनाई पड़ती है। विमल राय ने 1953 में 'दो बीघा ज़मीन' का निर्देशन किया जिसमें सामंती शोषण के अलावा औद्योगीकरण से उत्पन्न विसंगतियों की ओर इशारा किया गया है। राज कपूर की फ़िल्में 'आग' (1948), 'आवारा' (1951), 'बूट पालिश' (1954), 'श्री 420' (1955) 'जागते रहे' (1956) स्वतंत्र भारत में आम आदमी की लाचारी और धनवानों की लोलुपता को लक्षित करती हैं।

साठ के दशक में बनी फ़िल्म में पहले की कई प्रवृत्तियाँ विद्यमान रहीं। लेकिन तत्कालीन राजनीतिक उथल-पुथल के चलते आख्यान की मासूमियत विलुप्त होने लगी। 1969 में काँग्रेस पार्टी का विघटन हुआ और इंदिरा गाँधी के नेतृत्व में बनी कांग्रेस पार्टी में उत्तरोत्तर रूप से अधिनायक तंत्रवादी प्रवृत्तियाँ प्रबल होने लगीं। इसकी परिणति 1975 में लागू किये गये संविधान के आपातकालीन प्रावधान थे। 1975 में गुलज़ार के निर्देशन में बनी 'आँधी' में तत्कालीन मनःस्थिति को खूबसूरती के साथ कैद किया गया है। साठ के दशक में आम भारतवासियों का आधुनिकीकरण और विकास के कार्यक्रमों के प्रति मोह भंग होते साफ दिखाई पड़ने लगता है। बढ़ती निर्धनता, बेरोजगारी, क्षेत्रीय असंतुलन, तथा भूमि सुधारों की असफलता के कारण

राष्ट्रीय आदर्शों की चमक घटने लगी। कुछ प्रदेशों के राष्ट्र के प्रति बढ़ते अविश्वास ने उग्र आन्दोलनों का रूप धारण किया। मसलन आंध्र प्रदेश के बारंगल और श्रीकाकुलम तथा बंगाल के नक्सलवादी जिलों के निर्धन किसानों ने सत्तासीन सरकारों के विरुद्ध कमर कसने की तैयारियाँ आरम्भ कीं।

बदलते दौर को सिनेमा ने किस प्रकार देखा। यूरोपीय नव-यथार्थवाद से प्रभावित कुछ निर्देशकों ने बिम्ब रचना, मोंताज, साँकेतिकता और आख्यानात्मक संघटन में परिवर्तन लाकर राष्ट्र की वैकल्पिक छवि को प्रस्तुत किया। इस प्रयास को पुणे के राष्ट्रीय फ़िल्म तथा टेलीविजन संस्थान के स्नातक छात्रों के क्रिया-कलापों से बल मिला। कम बजट की फ़िल्में बना कर स्टार छवि को तोड़कर, ध्वनि और प्रकाश का रचनात्मक प्रयोग कर नये फ़िल्मकारों ने हिन्दी सिनेमा को ताजगी का स्पर्श कराया। 'अंकुर' (श्याम बेनेगल, 1947), 'निशांत' (श्याम बेनेगल 1975), 'मंथन' (श्याम बेनेगल, 1976), 'भूमिका' (श्याम बेनेगल, 1977), 'आक्रोश' (गोविन्द निहलानी, 1980), 'अर्द्ध सत्य' (गोविन्द निहलानी, 1983), 'उसकी रोटी' (मणि कौल, 1979), 'माया दर्पण' (कुमार शाहनी, 1972), 'एल्बर्ट पिंटों को गुस्सा क्यों आता है' (सईद मिर्जा, 1980), 'सलीम लंगड़े पर मत करो' (सईद मिर्ज़ा)—कुछ ऐसी फ़िल्में हैं जिनके सिनेमा की भाषा तथा व्याकरण को लेकर नये सौन्दर्यशास्त्रीय प्रयोग हुए।

नये निर्देशकों ने समाज के धनाढ्य कहे जाने वाले लोगों के दिखावे, अल्पसंख्यक समुदायों में व्याप्त भय, राज्य का साधारण लोगों के प्रति बढ़ता अत्याचार तथा मानवाधिकार के खुले उल्लंघन को सिनेमा की अंतर्वस्तु बनाकर दर्शकों की संवेदना को पूर्णतया झकझोर दिया। एक साक्षात्कार में गोविंद निहलानी ने कहा : "मेरी अधिकांश फ़िल्में वर्तमान यथार्थ की प्रतिक्रिया स्वरूप बनती हैं एक नागरिक की हैसियत से जो हो रहा है, मैं उसके बारे में चिंतित हूँ।"

बदलते दौर की दूसरी व्याख्या 'व्यक्तिगत विद्रोह' के रूप में देखी जा सकती है। व्यक्तिगत विद्रोह का अच्छा उदाहरण अमिताभ बच्चन की फ़िल्में हैं। एंग्री यंग के विद्रोही युवा के रूप में बच्चन पहली बार 'जंजीर' (1973) तथा बाद में 'दीवार' (1975), 'शहंशाह' (1988) और 'अग्निपथ' (1990) में दिखलाई पड़े। इन सभी फ़िल्मों में अमिताभ बच्चन ने एक साधारण व्यक्ति का किरदार निभाया है। जो जुल्म के खिलाफ़ अकेले ही हथियार उठाने में विश्वास रखता है।

स्त्री-विषयक फ़िल्मों में कुछ नये प्रयोग किये गये। जैसे 70-80 के दशकों की 'अंकुर' में एक बधिर मूक श्रमिक (साधु मेहर) की बहादुर पत्नी लक्ष्मी (शबाना

आज़मी), भूमिका की तेजस्वी नायिका उषा (स्मिता पाटिल) अथवा मिर्च मसाला की निर्भीक सोना बाई (स्मिता पाटिल)। ऐसे प्रयोग शताब्दी के अंत तथा नई शताब्दी के आरंभ भी देखे गये। प्रकाश झा के निर्देशन में बनी 'मृत्युदण्ड' की नायिकायें चन्द्रावती (शबाना आज़मी) तथा केतकी (माधुरी दीक्षित) हैं जो मिलकर बिहार के एक गाँव पर काबिज सामंतों और पुजारियों के गठजोड़ को समूल नष्ट कर देती हैं। 2001 में निर्मित 'लज्जा' तीन नायिकाओं वैदेही (मनीषा कोईराला), राम दुलारी (रेखा) तथा मैथिली (महिमा चौधरी) की अलग-अलग कहानियाँ हैं। तीनों स्त्रियाँ पुरुषों के अत्याचार की शिकार रह चुकी हैं किन्तु और अधिक सहने के लिए तैयार नहीं हैं। 'मातृभूमि' (2005) ऐसी भयावह की परिकल्पना है जहाँ स्त्रियाँ विलुप्त हो चुकी हैं। आधुनिक द्रौपदी की भूमिका में फ़िल्म की नायिका (ट्यूलिप जोशी) पाँच भाइयों को ब्याह दी गई है। हिन्दी सिनेमा के इतिहास में शायद ही कोई ऐसी फ़िल्म बनी है जिसमें बलात्कार को इतनी संवेदन शीलता के साथ प्रस्तुत किया गया हो।

अस्सी के दशक में कई निर्माता अपराध जगत की शरण में चले गये। सिनेमा, साहित्य और कला की अनुभूतियों से दूर रहने लगा। निर्देशक बेलगाम होकर हिंसा का जश्न मनाने लगा। हिंसापूर्ण फ़िल्मों के दौर में नागरिकता 'धर्म निरपेक्षता', लोकतंत्र, 'मानवता' अप्रासंगिक प्रतीत होने लगे। पहली बार ऐसा प्रतीत हुआ मानो फ़िल्म नये यथार्थों को गढ़ने में जरा भी हिचकिचा नहीं रही है। इसी समय नायक खलनायक में संकलित होने लगा। ऐंटी-हीरो की भूमिका में वह कहीं अपराधी (खलनायक, 1993) तो कहीं मानसिक रोगी (डर, अंजाम) के रूप में स्थापित हुआ। हालाँकि खलनायक अनैतिकता का प्रतीक था फिर भी उसे दर्शकों के बीच स्वीकृति मिली।

शताब्दी के अंत में हिन्दी सिनेमा राष्ट्र के शत्रुओं की खोज में तत्पर हो गया। हिन्दुत्ववाद के माहौल में बिना किसी सुरुचिपूर्ण (Sophisticated) बिंब-सज्जा के प्रयोग किये पाकिस्तान को भारत में व्याप्त राजनीतिक अशांति और हिंसा के लिए जिम्मेदार ठहराने लगा। निर्देशक बेझिझक होकर खून का बदला खून से लेने की वकालत करने लगा।[18] 'रोजा' (1993) के नायक आतंकवादियों (पाकिस्तान द्वारा प्रायोजित) द्वारा जलाये जा रहे राष्ट्रीय ध्वज को क्षतिग्रस्त होने से बचा लेता हैं। 'बार्डर' (1997) की कहानी 5-6 दिसम्बर, 1971 को लोगोंवाल में होने वाली सच्ची घटना पर आधारित है। किन्तु फिल्म इस कहानी को इस प्रकार प्रस्तुत किया गया कि वह दर्शकों के मन में पाकिस्तान के प्रति अधिक घृणा तथा आक्रोश उत्पन्न कर सके। इसी प्रकार 'रेफ्यूजी' (2000) अतिवादी राष्ट्रवाद की कहानी को और आगे बढ़ाता है। फ़िल्म का नायक (अभिषेक बच्चन) सीमा पार नायिका (करीना कपूर)

से प्रेम करता है इसलिए अक्सर उससे मिलने पाकिस्तान चला जाता है। मगर एक बार उसे पाकिस्तानी सेना पकड़ लेती है। और उसके तथा नायिका के साथ क्रूर व्यवहार करती है। पाकिस्तानी फौज को क्रूर दिखाना एक प्रकार का स्टीरियोटाइप है। ताकि भारतीय सेना अधिक उदार और मानवीय दिखाई पड़ सके। 2000 में बनी 'मिशन कश्मीर' का नायक संजय एक पुलिस अफसर है जो एक अनाथ कश्मीरी बालक (ऋतिक रोशन) को गोद ले लेता है। जब बालक को अपने पूर्व-इतिहास का पता चलता है तो अपने माता-पिता से घृणा करने लगता है तथा उग्रवादियों की शरण में चला जाता है। शेष फ़िल्म बहके नौजवान को मुख्यधारा (राष्ट्रीय विमर्श) में लाने का लेखा-जोखा बन जाती है। अतिवादी राष्ट्रवाद की ताजा बानगी 'लक्ष्य' (2004) है जिसका नायक (ऋतिक रोशन) अनेकानेक संकटों का सामना करते हुए सरहद पर स्थित एक पहाड़ी को पाकिस्तानी फौज की गिरफ्त से छुड़ा लेता है। लक्ष्य की कहानी एक वर्ष पहले बनी एल.ओ.सी. (2003) से काफी मिलती है।

विगत दशक में वैश्वीकरण की प्रगति के साथ एक नया परिदृश्य सामने आया है। हिन्दी सिनेमा उद्योग के प्रवासी भारतीयों की बढ़ती रुचि तथा हिन्दी सिनेमा की प्रवासी भारतीयों के प्रति नई दिलचस्पी यह कई स्तरों पर देखी जा सकती है। 1. प्रवासी भारतीयों द्वारा हिन्दी फ़िल्मों का निर्माण/निर्देशन। 2. हिन्दी सिनेमा में प्रवासी जीवन को केन्द्रित करने वाले कथानकों/लोकेशंस में वृद्धि। 3. हिन्दी सिनेमा उद्योग द्वारा विदेशों में पुरस्कार समारोह (आइफा) का आयोजन। 4. संगीत प्रतियोगिताओं द्वारा भावी प्रतिभाओं को ढूँढ निकालने के लिए यूरोप, अमेरिका, आस्ट्रेलिया तथा अफ्रीका में चलाये गये अभियान। प्रवासी जीवन को उजागर करने का चलन आदित्य चोपड़ा के निर्देशन में बनी 'दिलवाले दुलहनिया ले जाएँगे' (1995) से आरंभ हुआ। तत्पश्चात 'परदेस' (1996), 'हैदराबाद ब्लूज' (1998) 'जीन्स' (1998) 'आ अब लौट चलें' (1999) 'अमेरिकन देसी' (2001), 'मित्र' (2002), 'मानसून वेडिंग' (2003) 'ब्राइड एण्ड प्रेजुडिस' (2004), 'रामजी लंदन वाले' (2005), 'नेमसेक' (2007), 'लंदन ड्रीम्स' (2009) तथा 'न्यूयार्क' (2009) ने इस परंपरा को समृद्ध बनाया। जैसा कि हॉल में प्रकाशित एक लेख में स्पष्ट किया गया है, प्रवासी भारतीय न केवल 'बेहतर इंसान है' बल्कि एक 'व्यक्तिवादी' माहौल में रहते तथा परंपरा से जुड़े होने के साथ 'आध्यात्मिकता' और 'पूंजीवाद' का आदर्श संश्लेषण है।[19] शायद भारत का मध्यम वर्ग एक ऐसे समरूप विमर्श का निर्माण करना चाहता है जो उसे भारत के साथ सांस्कृतिक रूप से जुड़े होने के अलावा विदेशों में कामयाबी दिलाने में मददगार साबित हो सके।[20] इस वर्ग की युवा पीढ़ी – जिसे 'जेन नेक्सट' कहा जाता है—सच्चे अर्थों में उदारीकरण तथा वैश्वीकरण की

प्रतीक है। एम.टी.वी. चैनल के गीतों को सुनकर वयस्क हुई तथा मैकडॉनाल्ड, पीत्ज़ा हट तथा डामिनोज के व्यंजनों को चटकारा लेकर खाने वाली यह पीढ़ी आज विश्व के कोने-कोने में बसी है। प्रवासी केन्द्रित फ़िल्मों की विशेषता है दोहरी चाक्षुषता।[21] जहाँ एक ओर प्रवासी परिवारों को भारत की सांस्कृतिक धरोहर (मंदिर, मस्जिद, ऐतिहासिक स्मारक) की ओर आकृष्ट करती है वहीं दूसरी ओर भारत स्थित दर्शकों को विदेशों में बसे भारतीय मूल के लोगों की कामयाबी की दास्तानों से परिचित भी कराती है। ब्राण्ड बॉलीवुड के मर्म में भी यही बात है।

बॉलीवुडीकरण के दौर में बनी फ़िल्में विशेष सरोकार लेकर आईं। उदाहरणस्वरूप 1. राष्ट्र की अखण्डता को पवित्र मानना। इसलिए राजनीतिक/साँस्कृतिक विखण्डन अथवा बिखराव को सिनेमाई आख्यान से यथासंभव दूर रखना। 2. फ़िल्मों की अंतर्वस्तु महानगरीय भारत और उसको नया वास्तु शिल्प (मॉल/मल्टी प्लैक्स)। 3. प्रवासी भारतीयों की समृद्ध जीवन-शैली का प्रदर्शन। 4. परंपरा के नाम पर पितृसत्ता, संयुक्त परिवार और जाति/वर्ग संघर्ष के मामलों के साथ न्यूनतम छेड़-छाड़। 5. हिन्दी/हिन्दुस्तानी के स्थान पर हिंगलिश का प्रयोग। इलेक्ट्रानिक पूंजीवाद के दौर में बनी हिन्दी फ़िल्मों में प्रवासी भारतीयों के साथ बढ़ते अंतःसंवाद को नज़रअंदाज करना सहज नहीं होगा। वर्तमान समय ने भारत के अनेक हिस्सों में चल रहे राजनीतिक और सांस्कृतिक संघर्षों से मुँह चुराना विश्व बाज़ार के सफल कारोबार का सूत्र हो सकता है किन्तु यदि प्रवासी भारतीयों को बॉलीवुड के साथ दीर्घ तथा अर्थपूर्ण रिश्ते कायम करने हैं तो उन्हें 'राष्ट्रीयता', 'भारतीयता', 'संस्कृति', विकास आदि विमर्शों के साथ अधिक संवेदनशीलता के साथ जूझना पड़ेगा। वैश्वीकरण ने इन विमर्शों को उनके ऐतिहासिक संदर्भों में दोबारा जाँच/परखने का सुअवसर प्रदान किया है। यदि प्रवासी भारतीयों तथा हिन्दी सिनेमा के मध्य सकारात्मक संवाद की स्थिति उत्पन्न हो गई तो निश्चित रूप से बॉलीवुडीकरण का दौर भारत के सांस्कृतिक नवजागरण की पृष्ठभूमि तैयार कर सकेगा।

अध्याय नौ

दृश्य-श्रव्य पाठों की शताब्दी : नये संदर्भों की तलाश

दृश्य-श्रव्य पाठों की शताब्दी : नये संदर्भों की तलाश

लाखों-करोड़ों पुस्तकें छापे जाने के बाद भी मानव समाज की बीसवीं शताब्दी की समझ अधूरी रह गई है। इसका सबसे महत्त्वपूर्ण कारण है विगत शताब्दी बड़े पैमाने पर ऐसे साक्ष्यों तथा दस्तावेजों को छोड़ गई है, जिनका मुद्रण संस्कृति के साथ दूर-दूर का सम्बन्ध नहीं है। उदाहरणस्वरूप फोटोग्राफिक चित्र, फ़िल्में, रेडियो तथा टेलीविजन की अभिलेखन सामग्री जो स्वयं में विशाल दृश्य-श्रव्य अभिलेखागार का हिस्सा बन चुके हैं। मुद्रण संस्कृति की जादुई गिरफ्त में जकड़ा प्रबुद्ध समाज न तो पूरी तरह से दृश्य-श्रव्य संस्कृति के आगमन से उत्पन्न चुनौतियों का मुकाबला कर पाया है और न ही उसे गहराई से समझने का प्रयास। कम से कम अधिकांश भारतीय विश्वविद्यालयों और शोध संस्थानों में तो यही स्थिति बनी हुई है। पठन-पाठन की प्रक्रिया में मुद्रित पाठों की पकड़ वैसी ही बनी हुई है जैसी कि शायद उनके स्थापना के समय रही होगी। व्याख्यान देने तथा व्याख्यान सुनने की प्रक्रिया में चाक्षुष विनिमय की संभावनाएँ सीमित हैं।

दृश्य-श्रव्य स्रोतों के बारे में हर किसी का नज़रिया अलग होता है। पहली दृष्टि में ऐसा लगता है मानो किसी चित्र (या फ़िल्म के दृश्य) को समझना मुद्रित पाठ से कहीं ज़्यादा आसान है। दरअसल यह इस बात पर निर्भर है कि दृश्य-श्रव्य संस्कृति के बारे में पाठक की समझ कितनी गहरी और पैनी है। मसलन, प्रत्येक दृश्य शॉट एक साथ कई राजनीतिक और सांस्कृतिक बिम्बों और संदेशों को साथ लेकर चलता है जिसकी शिनाख्त पाठक या दर्शक अपनी-अपनी राजनीतिक, सांस्कृतिक समझ के अनुरूप करता है। जिन देशों में दृश्य-श्रव्य संस्कृति का विधिवत अध्ययन किया जा रहा है वह जानते हैं कि अपने आप में दृश्य-श्रव्य पाठ अत्यन्त जटिल होने के साथ संरचना तथा व्याकरण की दृष्टि से मुद्रित पाठ से भिन्न

है। इसके अलावा दृश्य-श्रव्य पाठ की पहुँच मुद्रित पाठ से कहीं अधिक गहरी है क्योंकि वह साक्षर समाज की मेहरबानियों का मोहताज नहीं है। इसी कारण वैचारिक अस्त्र के रूप में वह अपेक्षाकृत अधिक प्रभावशाली है।

वैश्वीकरण तथा उदारीकरण के उपरान्त भारतवासियों के दैनन्दिन जीवन में फ़िल्म तथा टेलीविजन का हस्तक्षेप निरंतर बढ़ता जा रहा है। टेलीविजन पर दिखलाये जाने वाले कई कार्यक्रम प्रतिबद्ध दर्शकों का निर्माण कर चुके हैं, उनके कारण ही लोकप्रियता के मानक (TRP) सुनिश्चित किये जाते हैं। कुछ चैनल अमेरिकी तथा ब्रिटिश कार्यक्रमों के संस्करण (इंडियन आयडल/बिग बॉस) तैयार कर प्राइम टाइम पर आधिपत्य स्थापित कर चुके हैं। इसके अलावा फ़िल्में सिनेमाघरों से चल कर ड्राइंग रूम तथा बेडरूम में घुसपैठ कर रोजमर्रा की बात-चीत तथा रहन-सहन का हिस्सा बनती जा रही हैं। गौरतलब है कि टेलीविजन के कार्यक्रमों तथा फ़िल्मों की सबसे बड़ी उपभोक्ता युवा पीढ़ी है। किन्तु वह फ़िल्मों को आज भी परिसरीय बहस का संजीदा हिस्सा नहीं बना पाई है। उधर पत्र-पत्रिकाओं में फ़िल्मों के बारे में धड़ल्ले से लेखन जारी है कहीं गपशप तो कहीं सितारों के निजी जीवन के चटपटे प्रसंग। कुछ लेखक फ़िल्म संस्कृति की मुजम्मत करने से नहीं चूकते तो अन्य उसके सम्बन्ध में तहकीक़ात करना ग़ैर-जरूरी मानते हैं। बेशक, मुद्रण-मीडिया में फ़िल्मों के प्रति ग़ैर-संजीदा रवैया शोधार्थियों के लिए पड़ताल का दिलचस्प विषय हो सकता है।

उधर अमेरिका तथा यूरोप में स्थितियाँ ठीक विपरीत हैं। दृश्य-श्रव्य पाठों के अध्ययन के लिए सैकड़ों विभाग स्थापित किये जा चुके हैं। फ़िल्म और टेलीविजन को केन्द्र में रखते हुए इन विभागों में सिनेमा के विधिवत् अध्ययन के लिए नित्य नये शास्त्र और सिद्धांत गढ़े जा रहे हैं। कल्चरल स्टडीज़, मीडिया स्टडीज तथा फ़िल्म स्टडीज़ के नाम से खोले गये विभाग यूरोप और अमेरिका के लिए उपलब्धियाँ साबित हुए। इसके दो कारण थे। प्रथम, प्रत्येक वर्ष एशिया और अफ्रीका से छात्र-छात्राओं को आकर्षित करने में इन विभागों ने चुम्बकों का कार्य किया। द्वितीय, उदार शिक्षा और विस्तृत पाठ्यक्रमों की आड़ में इन विद्यार्थियों को यूरोपीय/अमेरिकी सरोकारों तथा प्राथमिकताओं के साथ आत्मसातीकरण के लिए मंच उपलब्ध कराना। गैर-यूरोपीय/अमेरिकी सोच क्या हो सकती है यह भी विदेशी विद्वान तय करते हैं। यानि विचार/प्रतिरोधी विचार/वैकल्पिक विचार की अवधारणाओं पर विदेशी विद्वानों का वर्चस्व कायम रहा।

यूरोप और अमेरिका के विश्वविद्यालयों में पूर्व-उपनिवेशों की संस्कृतियों और इतिहासों के अध्ययन के लिए या तो पृथक विभाग है अथवा पद। वैचारिक वर्चस्व

को बरकरार रखने के लिए यह जरूरी है। फ़िल्म अध्ययन भी इस कथन का अपवाद नहीं है। यही कारण है कि वर्तमान में एशिया, अफ्रीका तथा लैटिन अमेरिका की फ़िल्मों के बारे में अंग्रेज़ी तथा यूरोपीय भाषाओं में इतनी अधिक सामग्री का प्रकाशन हो चुका है कि स्थानीय लेखक उसकी कल्पना भी नहीं कर सकते हैं। इसका एक अर्थ यह हुआ कि अगर हम सेनेगल के सिनेमा के सम्बन्ध में कोई मानक रचना ढूँढ़ रहे हों, तो हमें फ्रेंच रचनाओं या ईरानी सिनेमा के सम्बन्ध में अंग्रेज़ी में प्रकाशित संदर्भों को स्वीकार करना पड़ेगा। इस तरह पूरी दुनिया की संस्कृतियों के विशेषज्ञ कहलाये जाने वाले लोगों का ताल्लुक यूरोप तथा अमेरिका से है। दूसरी ओर यदि हम हॉलीवुड पर लिखी गई किसी भारतीय अथवा अफ्रीकी लेखक की रचना की तलाश करें तो निराशा ही हाथ लगेगी।

पूर्व उपनिवेशों का बौद्धिक समाज एक अन्य समस्या से ग्रसित है। संस्कृति की राजनीति को समझने के लिए अब भी पश्चिम और पूरब सरीखे दो कृत्रिम प्रकोष्ठों में बाँटने की परम्परा सशक्त है। दरअसल, यथार्थ में न कोई समरूप पश्चिम है और न ही पूरब। यहाँ तक कि एडवर्ड सईद भी प्राच्यवाद नामक रचना में समवरूप पूरब और पश्चिम की परिकल्पना कर बैठे थे। औपनिवेशिक काल में पाश्चात्य संस्कृतियों तथा उपनिवेशों की संस्कृतियों के दरम्यान लगातार संवाद चलते रहे। जिसे हम औपनिवेशिक संस्कृति कहते हैं, वह इन्हीं संवादों का मिलाजुला नतीजा थी। इस प्रकार औपनिवेशिक मानसिकता में कहीं पाश्चात्य का नकार है तो कहीं उसकी मौन स्वीकृति। एशिया, अफ्रीका तथा लैटिन अमेरिका के उपनिवेशवाद विरोधी/राष्ट्रीय आँदोलन में स्वीकृति और नकार के स्वर लगातार सुने जा सकते हैं। यही कारण है कि लंबे संघर्षों के उपरान्त मिलने वाली मुक्ति से उत्पन्न राष्ट्रीय संस्कृतियों का चरित्र प्रायः अंतर्विरोधपूर्ण होता है।

इस बिंदु पर भारत की चर्चा करना प्रासंगिक होगा। उपनिवेशकालीन बुद्धिजीवियों ने आत्मचिंतन और पुनर्निश्चयन के नाम पर पश्चिमी सभ्यता को व्यक्तिवादी और भौतिकवादी घोषित करने के बाद स्वदेशी संस्कृति की जड़ों को अतीत में तलाशना शुरू कर दिया। नवजागरण की आड़ में स्वर्णिम काल के मिथक गढ़े जाने लगे। आधुनिकता तथा परंपरा विपरीत अर्थों वाले शब्द बन गये। उधर मार्क्सवादी रचनाओं में उत्पादन का अर्थ आर्थिक उत्पादन तक सिमट कर रह गया। संस्कृति की चर्चा यदा-कदा होती रही, किन्तु आर्थिक उत्पादन के बहाने पचास तथा साठ के दशकों में शिकागो विश्वविद्यालय ने भारतीय संस्कृति के विधिवत अध्ययन के लिए कई शोधार्थियों को भारत भेजा। इसका नतीजा था परंपरा, आधुनिकीकरण, लघु परम्परा, बृहत् परम्परा, सार्वभौमिकीकरण, संकीर्ण करण सरीखी अवधारणाओं का

जन्म। समाजशास्त्र तथा नृविज्ञान शास्त्र के अध्ययेता आज भी धड़ल्ले से इनका प्रयोग करते हैं। किन्तु वह यह भूल जाते हैं कि दूसरे महायुद्ध के बाद एक खास विचारधारा के प्रभाव में तथा खास उद्देश्य से उन्हें ईजाद किया गया था।

जबकि पूर्व उपनिवेशकालीन संस्कृति को परंपरागत तथा औपनिवेशिक को आधुनिक मान लेना ही दोषपूर्ण था। इसी प्रकार आधुनिकता को परंपरा के अवशेषों पर स्थापित नई संरचना की तरह देखना गलत होगा। यह जानने की जरूरत भी कि स्वदेशी संस्कृति ने किन स्तरों पर पाश्चात्य संस्कृति के साथ युक्तिपूर्ण संवाद स्थापित किये अथवा वह पाश्चात्य तत्त्वों को चयनात्मक तरीके से ग्रहण करते हुए किस प्रकार आधुनिकता के नये संकर संस्करण तैयार करती है। दूसरी ओर कहीं-कहीं स्वदेशी संस्कृति पाश्चात्य संस्कृति के समक्ष समर्पण करती भी दिखाई पड़ी। इस प्रकार, संवाद, नकार, समर्पण तथा अंतर्ग्रहण की प्रक्रियाएँ लगातार चलती रहती हैं। औपनिवेशिक जकड़ से मुक्ति मिलने के बाद भी उनका क्षय नहीं होता है।

फिर भी सर्वप्रभावी संस्कृतियों की मारक पहुँच को नज़रअंदाज नहीं किया जा सकता है। वह स्वतंत्र चिन्तन तथा वैकल्पिक अनुबोध को पनपने से अवरुद्ध करती है। साथ ही यूरोप और अमेरिका में विकसित अवधारणाओं और स्थापनाओं की विराट उपस्थिति के कारण राष्ट्रीय संस्कृतियाँ अपने-अपने अनुभवों को अपने ही शब्दों/अवधारणाओं /स्थापनाओं के जरिये व्यक्त करने में कतराने लगी है। चाहे वह इतिहास हो या सामाजिक विज्ञान अथवा साहित्य अथवा सिनेमा/व्याख्या के लिए हम आज भी बाहय प्रेरणाओं पर निर्भर हैं। जिसे हम स्वदेशी विमर्श कहते हैं उसके लिए अमेरिका तथा यूरोप के बौद्धिक वर्चस्व को ललकारना कठिन है क्योंकि वह स्वयं कुछ हद तक बाहय स्रोतों से व्युत्पन्न है। हॉल में पुनर्मुद्रित विनय लाल की पुस्तक Empire of Knowledge में सर्वत्रभाषी संस्कृतियों के वैचारिक वर्चस्व के सम्बन्ध में विस्तृत टिप्पणी की गई है। लाल का तर्क है कि इक्कीसवीं शताब्दी के सर्वाधिक महत्त्वपूर्ण संघर्ष ज्ञान के चरित्र को ले कर होंगे। पुनः जिन्हें हम अकादमिक विषय कहते हैं वह केवल ज्ञान के वर्गीकरण का नतीजा नहीं है बल्कि ज्ञान को अनुशासित (Discipline) करने का परिणाम भी। अर्थात् ज्ञान का वर्गीकरण समाज में प्रतिरोध को दबाने तथा असमानता का उचित समर्थन करने अथवा नये प्रकार की अन्यायपूर्ण प्रणालियों को जन्म देने के लिए किया गया है।[3] अकादमिक जगत ने ज्ञान संसार को इस तरह से अनुशासित कर लिया है कि बाहर से हस्तक्षेप द्वारा उसके वर्चस्व को ललकारना असम्भव होता जा रहा है। वास्तव में जिन्हें हम

पड़ताल की राष्ट्रीय पद्धतियाँ कहते हैं वह सर्वप्रभावी संस्कृतियों द्वारा विकसित वैचारिक मॉडलों के परिवर्द्धित रूप हैं, जैसे आज भारत में विज्ञान का दौर है यूरोप तथा अमेरिका की विगत तीन-चार शताब्दियों में होने वाली सैद्धांतिक उपलब्धियों, अन्वेषणों तथा आविष्कारों की सार्वभौमिक उपलब्धियों के रूप में कालेजों तथा विश्वविद्यालयों में पढ़ाया जाना अथवा शोध द्वारा उन्हें समृद्ध बनाना या संशोधित रूप में प्रस्तुत करना। किन्तु विज्ञान के सरोकारों और नजरिये का वही रहना जिसे यूरोप तथा अमेरिका पहले ही सुनिश्चित कर चुके हैं। सामाजिक विज्ञानियों की स्थिति भी लगभग समान है। इतिहास, दर्शन, समाजशास्त्र, नृविज्ञान शास्त्र, राजनीति शास्त्र, मनोविज्ञान शास्त्र इत्यादि के माडल, वैचारिक उपकरण, सिद्धांत, शोध की विधियाँ, शोध-प्रबंधों की प्रस्तुति के तरीके, प्रकाशन के फारमैट यूरोपीय तथा अमेरिकी विश्वविद्यालयों में तय किये जा चुके हैं। यह स्थिति वैसी ही है जैसे क्रिकेट, हॉकी तथा फुटबॉल जैसे खेलों की। नियम तथा पद्धतियाँ पहले से ही निर्धारित हैं। श्वेत जातियाँ इन्हें सार्वभौमिक तथा सर्वव्यापी घोषित कर स्थानीय विवेक, अनुभवों और विशिष्टताओं को पनपने का अवसर ही नहीं देती हैं।

विनय लाल के अनुसार यदि सामाजिक विज्ञान की उत्पत्ति के इतिहास पर नज़र डाली जाए तो सारी बात खुद-ब-खुद स्पष्ट हो जायगी। अमेरिका पहला देश था जिसने अकादमिक जगत के व्यवसायीकरण का मार्ग प्रशस्त किया। चूंकि यूरोपवासियों की भाँति अमेरिकावासी यह नहीं कह सकते थे कि उन्हें ज्ञान/विज्ञान की परंपराएँ विरासत में मिली थीं इसलिए उन्होंने अकादमी के व्यवसायीकरण द्वारा नई परंपराएँ कायम कीं। अब बुद्धिजीवियों की स्थली विश्वविद्यालय बन गये जहाँ उनके शोध के मूल्यांकन के लिए मानक गढ़े जाने लगे। नाना प्रकार की शोध पत्रिकाओं (Journals) का प्रकाशन होने लगा क्योंकि विषयों को अति-विशिष्ट विषयों में विभाजित किया जा चुका था।[4] प्रोन्नति का आधार अकादमिक उत्पादन बन गया। नये माडलों और सिद्धांतों की भरमार हो गई। उत्पादन की होड़ में श्वेत सामाजिक विज्ञानी भूल गये कि परंपरागत कहलाई जाने वाली संस्कृतियों के पास पहले से ही समृद्ध ज्ञान शास्त्रीय भंडार मौजूद थे, मसलन फारसी शब्दकोष में निर्धनता के विविध पहलुओं को समझने के लिए 30 से अधिक शब्द उपलब्ध हैं जबकि लैटिन में 40 के आसपास। किन्तु श्वेत अर्थशास्त्री उसे केवल एक ही प्रकार से परिभाषित करना चाहता है। यही स्थिति अन्य विषयों की भी है। दार्शनिक हार्ट तथा नेग्री अमेरिकी वर्चस्व की शुरुआत को बीसवीं शताब्दी के महायुद्धों के बीच का काल मानते हैं।[5] इस दरमियान शांति तथा यूटोपिया की खोज में बड़ी संख्या में यूरोप से बुद्धिजीवियों का पलायन हुआ। धीरे-धीरे बौद्धिक गुरुत्वाकर्षण का केंद्र

यूरोप से खिसककर अमेरिका हो गया। अमेरिका पाश्चात्य संस्कृति का पर्याय माना जाने लगा। इस प्रकार जो यूरोपीय था वह अमेरिकी तथा बाद में अंतर्राष्ट्रीय तथा सार्वभौमिक कहलाया गया। हार्ट तथा नग्री पाठकों को सावधान करते हैं कि अमेरिकी बौद्धिक साम्राज्य का अनियंत्रित विस्तार एक दिन इतिहास के अंत का कारण बन जायगा। उपरोक्त परिस्थिति में स्थानीय बुद्धिजीवी करें भी तो क्या?

वैचारिक साम्राज्य की गिरफ्त से मुक्त होने के लिए समालोचक दृष्टि के बिना ही स्वदेशी व्याख्या की शरण में चले जाना समस्याप्रद हो सकता है। उदाहरणस्वरूप अरविंद घोष तथा आनंद कुमार स्वामी की रचनाओं में प्राचीन कालीन भारत जब मध्यकाल से गुजरता हुआ औपनिवेशिक काल में पहुँचता है तो उसका सांस्कृतिक ह्रास हो चुका होता है। भारतीय कला और सर्जना का क्षरण मध्यकाल में इस प्रकार ही प्रारंभ हो चुका था। मध्यकाल की उपरोक्त व्याख्या खतरनाक है क्योंकि वह लगभग 600 वर्षों की भारतीय मेधा और प्रज्ञा पर प्रश्नचिह्न लगा देती है। सिर्फ इसलिए कि मध्यकाल को बिना किसी गहन पड़ताल के मुस्लिम काल मान लिया गया है। इसका नतीजा यह हुआ कि जिसकी घोष और कुमार स्वामी भारतीय कला कह कर व्याख्या करते हैं वह पूर्व मध्यकाल में हिन्दू राजाओं के संरक्षण में पल्लवित होने वाली कला की विभिन्न शैलियाँ हैं। पुनः उपनिवेश काल को सम्बोधित करते हुए कुमार स्वामी उसे मशीनी और औद्योगिक युग का प्रवर्द्धन मान लेते हैं जिसमें कला उत्तरोत्तर रूप से आभा हीन होती चली गई है। इसके अलावा घोष और कुमार स्वामी का विशेष आग्रह है कि भारतीय कला के सभी पहलुओं की पड़ताल के लिए केवल प्राचीन सिद्धांतकारों की मदद ली जाय। निस्संदेह भरत मुनि, भर्तृहरि तथा अभिनवगुप्त ने भारतीय साहित्य और कला के बुनियादी शास्त्रों की रचना की फिर भी चुनौती यह है कि हम सिनेमा सरीखी अधुनातन कला को समझने के लिए शास्त्रों का रचनात्मक इस्तेमाल कैसे करें। ऐसे प्रयास की नवीनतम मिसाल मुकुन्द लाठ हैं किन्तु वह भी शास्त्रीय व्याख्या की सीमाओं को समझते हुए केवल खास संदर्भों (गीत-नृत्य की व्याख्या) को उजागर करने में सफल रहे हैं।

जैसा कि प्रथम अध्याय में उल्लेख किया जा चुका है, विगत दो दशकों में भारतीय फ़िल्म विशेषज्ञों ने हिन्दी सिनेमा के अवबोधन को बढ़ाने का निरन्तर प्रयास किया है। इसमें प्रमुख रूप से उल्लेखनीय हैं– आकृतियों के घनीभूतीकरण का सिद्धांत (राजाध्यक्ष), गीता कपूर की आकृतियों की अग्रभागिता तथा प्रतीकात्मक कला की अवधारणा, रवि वासुदेवन द्वारा सिनेमाई आख्यान की त्रिपक्षीय संरचना का अध्ययन तथा माधव प्रसाद का हिन्दी सिनेमा को विषमांगी उत्पादन की प्रणाली घोषित किया जाना तथा उसके स्थायी बिम्ब—सामंती परिवार की गहराई से पड़ताल।

किन्तु अभी इससे अधिक प्रगति नहीं हो सकी है। एक शिकायत और है, हिन्दी सिनेमा के कतिपय विशेषज्ञ विदेशी या दक्षिण भारतीय मूल के हैं। उनकी मातृभाषा हिन्दी नहीं है। बॉलीवुड सितारों की तरह वह अंग्रेज़ी में सोचते तथा लिखते हैं। बेशक सिनेमा की भाषा केवल संवादों तक सीमित नहीं है। फिर भी क्या जापानी, चीनी, ईरानी सिनेमा को सब-टाइटल्स की मदद से समझा जा सकता है। हिन्दी सिनेमा के अंग्रेज़ीदाँ लेखकों को भी इस आरोप से बरी नहीं किया जा सकता है। कभी-कभी ऐसा लगता है मानो भारतीय फ़िल्म अध्ययन खतरनाक जड़ता की ओर अग्रसर हो रहा है अतएव भारतीय सिनेमा की विशिष्टताओं को ध्यान में रखते हुए शोध के नये क्षेत्रों को तलाशने की जरूरत है।

तीसरे अध्याय में संकेत किया जा चुका है कि हिन्दी सिनेमा के अनेकानेक पाठ हैं। उदाहरण स्वरूप दृश्य-पाठ के अलावा ध्वनि-पाठ अथवा साउंडट्रेक, फ़िल्मी गीतों पर आधारित टेलीविजन पर दिखाये जाने वाले कार्यक्रम, रेडियो पर प्रसारित होने वाले फ़िल्मी गीत (जिसमें फौजी भाइयों के नाम से प्रसारित गीत माला भी शामिल है)। फ़िल्मी नृत्य-गीतों, नच बलिये, सारे गामा, सहारा वायस ऑफ इंडिया आदि। फ़िल्म पुरस्कार समारोह, फैशन समारोह (जिसमें फ़िल्मी सितारे बढ़ चढ़ कर हिस्सेदारी करते हैं) क्रिकेट तथा फ़िल्मी जगत के बढ़ते सम्बन्ध (20-20 मैच) तथा फ़िल्मी पत्रकारिता। उपरोक्त क्षेत्रों को गहराई से खँगालने की आवश्यकता है ताकि फ़िल्म पाठ को उसके विभिन्न रूपों और संस्करणों में पहचाना जा सके। अब साउंडट्रेक की मिसाल को लीजिए। ध्वनि के आविष्कार के बाद संगीत निर्देशकों ने दृश्य के प्रभाव को उभारने के लिए ध्वनियों का रचनात्मक प्रयोग किया है। यह खोज का विषय हो सकता है कि किस दृश्य के लिए सितार, सारंगी या बांसुरी उपयुक्त पाये गये। इसी प्रकार 50-70 के दशकों के संगीतकारों ने गीतों के स्थाई में पाश्चात्य लयों का तथा अंतरे में भारतीय लयों का प्रयोग किया। या फिर ग्रामीण/शहरी परिवेश को उजागर करने के लिए कैसा ध्वनि-संग्रह होना चाहिए। निस्तब्धता, करुणा, उत्सव, शोक, आनन्द आदि का प्रभाव उत्पन्न करने के लिए संगीतकार क्या करते हैं? वगैरह-वगैरह। ज़ाहिर है इन्हें समझने के लिए आंग्ल-यूरोपीय सिद्धांत अपर्याप्त है।

इसी तरह, जनप्रिय संस्कृति के विशाल दायरे में हिन्दी सिनेमा की घुसपैठ का विधिवत अध्ययन किया जाना बाकी है। विशेष रूप से भारतीय युवा मानस और बॉलीवुड के अन्तःसम्बन्धों की पड़ताल सतही तौर पर ही हो सकी है। मसलन, बॉलीवुड में दिखलाये जाने वाले परिसर/कालेज जीवन के प्रसंगों के साथ युवा दर्शक कैसे आत्मसात करते हैं अथवा पंचसितारा संस्कृति का प्रतीक महानगर उन्हें कैसे

आकर्षित करता है? पुन : ग्रामीण भारत से पलायन में बॉलीवुड की क्या भूमिका रही है इन प्रश्नों का उत्तर जानने के लिए व्यापक शोध की आवश्यकता है। पहले दर्शकों को आयु, आय, अंचल, व्यवसाय, जेण्डर के आधार पर विभाजित कर प्रश्नावली तैयार करनी होगी। तत्पश्चात उन्हें छोटे-छोटे गुटों में बाँटकर सिनेमा के बारे में (बेबाक हो कर) प्रतिक्रियाएँ ज़ाहिर करने के लिए कहा जा सकता है। इस प्रकार, प्रसार और आदान के अन्तःसम्बन्धों पर प्रकाश डालना सहज हो जाएगा।

बॉलीवुड के वैश्विक परिचालन और अवदान को समझने के लिए वर्ल्ड वाइड वेब में विचरना अत्यन्त लाभप्रद हो सकता है। फ़िल्म कम्पनियों के विज्ञापन, फ़िल्म व्यापार के आँकड़े, भविष्य में प्रदर्शित की जाने वाली फ़िल्मों के ट्रेलर (प्रोमो) फ़िल्मों के बारे में लिखे गये उल्लेख, पत्रिकाओं तथा समाचार-पत्रों के इलैक्ट्रानिक संस्करणों में प्रकाशित फ़िल्म-सम्बन्धी जानकारी वर्ल्ड वाइड वेब को आभासी अभिलेखागार में बदल चुके हैं। दुनिया में शायद ही कोई ऐसा अभिलेखागार है जहाँ इतने अधिक रूपों तथा मात्रा में फ़िल्म सम्बन्धी सामग्री संरक्षित हो। वेब में दिखाई पड़ने वाली दो स्थलियों का उल्लेख करना जरूरी है। यूट्यूब.कॉम (youtube.com) तथा मायस्पेस.काम (myspace.com) के नाम से विख्यात यह स्थलियाँ युवाओं के बीच अत्यंत लोकप्रिय हैं। केवल सर्च बटन पर जा कर गीत/गायिका/संगीतकार का नाम टाइप करने की जरूरत है। वीडियो खुद-ब-खुद नमूदार हो जाएगा। यही नहीं संग्रहकर्ता अपने पसंदीदा गीतों/कार्यक्रमों/फ़िल्मों/धारावाहिकों की प्रतिलिपियाँ बनाकर सूचीबद्ध कर सकते हैं। अन्य स्थलियाँ दर्शकों को (torreng.com) संपूर्ण फ़िल्मों को निशुल्क उतारने की अनुमति प्रदान करती हैं। मजे की बात यह है कि दुनिया के किसी भी कोने में बैठ कर इन सुविधाओं का लाभ उठाया जा सकता है। बस जरूरत है तो एक अदद कंप्यूटर तथा ब्रॉडबैण्ड की। एक अंतिम बात। विगत वर्षों में उत्तर भारत के आंचलिक सिनेमा में उत्साहवर्द्धक प्रगति देखी जा रही है। चाहे वह भोजपुरी फ़िल्म हो या कुमाऊँनी, गढ़वाली, छत्तीसगढ़ी, हरियाणवी, राजस्थानी। सिनेमा निर्माण और प्रयोग के अद्‌भुत दौर से गुज़र रहा है। भोजपुरी सिनेमा का बाज़ार बॉलीवुड से कहीं ज़्यादा विशाल है। भारत के अलावा सूरीनाम, मारीशस, गयाना, फीजी तथा अन्य देशों में भोजपुरी के करोड़ों दर्शक/पाठक मौजूद हैं। अर्थात् कम बजट पर बनी भोजपुरी फ़िल्मों/गीत, वीडियो के लिए बाज़ार पहले से ही तैयार है। बॉलीवुड के कुछ सितारे भोजपुरी फ़िल्मों में नियमित रूप से अभिनय करते हैं। दृश्य निबंधन, आख्यानात्मक संरचना तथा संपादन की दृष्टि से तथा भोजपुरी सिनेमा कमोबेश बॉलीवुड का ही संकरण है। फर्क सिर्फ इतना है कि कम लागत से फ़िल्मों का निर्माण संभव है। भोजपुरी सिनेमा की तुलना में कुआऊँनी, गढ़वाली, छत्तीसगढ़ी, राजस्थानी तथा हरियाणवी सिनेमा का बाज़ार अपेक्षाकृत छोटा है। किन्तु

प्रौद्योगिकी के कम कीमतों तथा सहजता के साथ उपलब्ध होने के कारण आंचलिक फ़िल्मों के निर्माण में उत्साह देखा जा रहा है। आँचलिक फ़िल्मों की बढ़ती लोकप्रियता का एक कारण और है, स्वतंत्रता के बाद अपनाये गये आर्थिक विकास के मॉडलों का प्रमुख दोष यह रहा है कि क्षेत्रीय स्तर पर विषमताएं तेजी से बढ़ी हैं। इसका स्पष्ट प्रमाण है पिछड़े क्षेत्रों से विकासशील क्षेत्रों की ओर प्रवास/पलायन की बढ़ती दरें। प्रवासी समुदाय (डायस्पोरा) आँचलिक संस्कृति का सबसे महत्त्वपूर्ण कदम है। आंचलिक संस्कृति का उपयोग उसे अंचल से जुड़े होने (पहचान) का एहसास दिला सकती है, साथ ही आंचलिक गीतों/फ़िल्मों के वीडियो असुरक्षा की भावना को घटाते हैं जो विस्थापन के बाद प्रवासी समुदायों को उद्वेलित करती आई हैं। प्रवासी दर्शकों का अध्ययन चुनौतीपूर्ण विषय है क्योंकि वह एक ही समय पर बॉलीवुड (अखिल भारतीय) तथा क्षेत्रीय सिनेमा का उपयोग करते हैं।

बेशक, फ़िल्म अध्ययन से जुड़े तमाम शोधकर्ताओं के लिए वर्तमान शताब्दी जहाँ एक ओर सर्वाधिक चुनौतीपूर्ण दौर साबित होती जा रही है, वहीं दूसरी ओर नई चाक्षुष अनुभूतियों से उन्हें सराबोर करने में कोई कसर नहीं छोड़ रही है। रोमाँच, विस्मय और जिज्ञासा से परिपूर्ण दौर को समग्रता से समझने और समझाने के लिए नये संदर्भों की तलाश के साथ-साथ नये सिद्धांतों को सूत्रबद्ध करने की आवश्यकता इतनी शिद्दत से पहले कभी महसूस नहीं हुई। वैश्वीकरण की प्रखर दोपहरी में नई व्याख्याओं और सैद्धान्तिक हस्तक्षेपों की बयार यदि हिन्दी जगत से चले तो इससे अधिक सुखद और क्या हो सकता है।

संदर्भ - ग्रंथ

अध्याय एक

1. Jacques Lacan, The Four Fundamental Concepts of Psychoanalysis, Seminar II, trans. Alan Sheridan, Harmondsworth, Penguin, 1979, पृ. 53
2. वही, पृ. 54
3. Slavoj Zizek, The Sublime Object of Ideology, Verso, London, 1989, पृ. 156-173
4. वही
5. Walter Benjamin, Illuminations, Fontana Collins, London, 1970, पृ. 219-53. इसके अतिरिक्त देखें–Partha Mitter, Mechanical Reproduction and the World of the Colonial Artist, Contributions to Indian Sociology, Vol. 36, Nos. 182, January-August 2002, पृ. 1-31
6. Anand K. Coomarswamy, Essays in National Idealism, Munshiram Manohar Lal Publishers, Pvt. Ltd., New Delhi, 1981, पृ. 201-206
7. Theodore Adorno and Max Horkheimer, The Culture Industries : Enlightenment as Mass Deception, in Simon During (ed.), The Cultural Studies Reader, Routledge and Kegan Paul, London & New York, पृ. 333-334
8. Arjun Appadurai, Modernity at Large, Cultural Dimensions of Globalization, Oxford University Press, New Delhi, 1997, पृ. 34 अप्पादुराई प्रौद्योगिकी के वैश्विक परिचालन को टेक्नोस्केप्स (technoscapes) का नाम देते हैं।
9. अलग-अलग पाठों को इलैक्ट्रानिक विधि से जोड़ कर परा पाठ (Hypertext) का निर्माण किया जाता है। यह पाठ रेखीय नहीं होते हैं और न ही मूर्तरूप मे पाये जाते हैं। परापाठ बहुसुरे, चंचल और अन्य पाठों से संवाद की स्थिति के होते हैं। (George P. Landow (ed.), Hypertext Theory, John Hopkins University Press, 1994, पृ. 1-40)

10. Introduction in Ravi Vasudevan (ed), Making Meaning in Indian Cinema, Oxford University Press, New Delhi, 2006, पृ. 2-6
11. Amy Villarejo, Film Studies, The Basics, Routledge, London and New York, 2009
12. Ravi Vasudevan, New Cultural History and Experience of Modernity, Economic and Political Weekly of India, XXX No. 44, Nov. 4, 1995, पृ. 2809
13. वही
14. John Orr, Cinema and Modernity, Pility Press, London, 1993, पृ. 1
15. Dipesh Chakraborty, Habitations of Modernity, Permanent Black, New Delhi, 2004, पृ. XX
16. इस वृत्तांत के लिए जिन पुस्तकों की सहायता ली गई है वह इस प्रकार है। Tim Bywater and Thomas Sobchack, An Introduction to Film Criticism, Pearson Education Inc., New Delhi, 2009; Bill Nicholls (ed.) Movies and Methods Vols I & II, Seasull, Calcutta, 1993. J. Dudley Andrew, The Major Film Theories, An Introduction, Oxford University Press, New York, 1976
17. रूपवाद का उदय, 1920 के दशक के सोवियत रूस में हुआ। रूपवादी जानना चाहते थे कि साहित्य किस प्रकार पाठकों को प्रभावित करता है। रूपवाद की दृष्टि में अंतर्वस्तु (content) तथा रूप (form) में कोई अंतर्भेद नहीं है। लेखक का कार्य केवल साहित्यिक उपकरणों के प्रयोग तक सीमित है। तत्पश्चात उसकी भूमिका नगण्य हो जाती है। स्टालिन के शासन काल में रूपवादियों का दमन किया गया।
18. Shohini Chaudhri, Feminist Film Theorists, Routledge, New York, 2006, पृ. 4
19. Gilles Deleuze, Cinema I : The Movement - Image, Cinema II : The Time - Image, Continum, London, 2005
20. Chidanand Das Gupta, The Painted Face : Studies in India's Popular Cinema, New Delhi, Roli Books, 1991
21. Satyajit Ray, Our Films Their Films, Disha Books, Orient Longmans, 1993, पृ. 91
22. Sumita S. Chakravarty, National Identity in Popular Cinemia, 1947-1987, Oxford University Press, New Delhi, 1996, पृ. 4
23. Ashish Nandy (ed.), The Secret Politics of Our Desires, Innocence, Culpability and Indian Popular Cinema, Oxford University Press, New Delhi, पृ. 2

24. वही, पृ. 12

25. Ashish Rajadhyaksha, The Phalke Era, in T.Niranjana, P. Sudhir, Vivek Dhareshwar (eds), Interrogating Modernity, Seagull, 1993

26. वही, पृ. 67

27. वही, पृ. 69

28. Geeta Kapur, Revelation and Doubt : Sant Tukaram and 'Devi', in T.Niranjana, P. Sudhir, Vivek Dhareshwar (eds.), Interrogating Modernity, Seagull, 1993, पृ. 20

29. वही, पृ. 23

30. वही, पृ. 24-25

31. वही

32. M.Madhav Prasad, Ideology of the Hindi Film, A Historical Reconstruction, Oxford University Press, New Delhi, 1998, पृ. 75-76

33. Diana L. Eck, Darshan of the Image, India International Quarterly, 13(1) 1986, पृ. 48

34. Ravi Vasudevan, Shitting Codes, Dissolving Identities : The Hindi Social Film of the 1950s as Popular Culture, Journal of Arts and Ideas, 23/24, January 1993, पृ. 51-84

35. वही, पृ. 60-65

36. Mukund Lath, Transformation as Creation, Essays in the History, Theory and Aesthetics of Indian Music, Dance and Theatre, Aditya Prakashan.

37. वही, पृ. 124

38. वही, पृ. 133

39. वही, पृ. 134

40. वही, पृ. 138

41. वही

42. वही

43. वही, पृ. 140

44. वही, पृ. 145

45. Madhav M. Prasad, Signs of Ideological Re-form in Two Recent Films : Towards Real Subsumption in Ravi S.Vasudevan (ed.) Indian Cinema, Oxford University Press, New Delhi, 2000, पृ. 145-167

46. Jyotika Virdi, The Cinematic Imagination, Permanent Black, New Delhi, पृ. 200-203

अध्याय दो

1. Jurgen Osterhammel and Niels P.Peterson, Globalization, A Short History, Princeton University Press, Princeton, 2005, पृ. 2
2. Ulrich Beck, What is Globalization? Polity Press, Cambridge, 2000 तथा Anthony Giddens, The Consequences of Modernity Polity Press, Cambridge, 1991
3. Jagdish Bhagwati, In Defence of Globalization, Oxford University Press, New Delhi, 2004, पृ. 10-12
4. Benjamin Barber, Jihad Vs. Mc World, Times Books, New York, 1995.
5. Samuel P. Huntington, Clash of Civilization, Foreign Affairs, Vol. 72, No. 3, 1993.
6. Frank J. Lechner & John Boli (eds.), The Globalization Reader, Blackwell, 200, पृ. 1-3
7. Theodore Aclorno and Max Horleheimer, The Culture Industry: Enlightenment as Mass Deception, in Simon During (ed.), The Cultural Studies Reader, Routledge, London and New York, 1999, पृ. 29-43
8. वही, पृ. 30-31
9. वही, पृ. 33-34
10. David Sassoon, On Cultural Markets, New Left Review, 17 September-October, 2002, पृ. 114
11. Franco Moretti, Planet Hollywood, New Left Review, 9 May-June, 2001.
12. www.kcl.ac.uk/content/1/c6102/07/42/w4Brtitish Art CinemaA.ppt
13. वही
14. वही
15. वही
16. वही
17. Bhagwati, In Defence of Globalization, पृ. 117-119
18. Ana M.Lopez, Facing Up to Hollywood, in Christie Gledhill and Linde Williams (eds). Reinventing Film Studies, 200, पृ. 420
19. वही, पृ. 421

20. वही
21. वही
22. वही, पृ. 424
23. वही, पृ. 426
24. वही, पृ. 430
25. Maria Maasilta, African Carmen Transnational Cinemc as An Arena for Cultural Contradiction, Academic Dissertation presented to the Department of Journalism and Mass Communication, University of Tampere, Finland, 2007
26. Cinema in Africa, Does a Truly African Film Exist, URL, http.www.culturaldiplomacy. org/culturalclip/omafynews/index.php.
27. वही
28. Hollywood Can't Get Africa Right, URL, http.www.good.is/post/hollywood-cant-get-africa-right
29. Dhruba Gupta, African Cinema, A View from India, Celluloid Chapter, Jamshedpur, 1994, पृ. 11
30. Geoffrey-Nowell- Smith, New Concepts of Cinema, in Geoffrey Nowell - Smith (ed.) The Oxford History History of World Cinema, Oxford, 1996, पृ. 762
31. वही पृ. 766
32. Feng Xiaogang and John Woo on the Future of Chinese Cinema, URL, www.cfensi. wordpress.com/20009/04/..../feng-xiaogang-is-insightful/-
33. Mitsuyo Wada - Marciano, Capturing "Authencity": Digital Aesthetics in the Post-Studio Japanese Cinema, Canadian Journal of Film Studies, Spring 2009, पृ. 1
34. Jeeyoung Shin, Globalization and New Korean Cinema, in Chi-Yun Shin and Julian Stringer (ed), New Korean Cinema, Edinburgh University Press, Edinburgh, 2005, पृ. 51
35. वही
36. वही, पृ. 52
37. Richard Tapper, Introduction, The New Iranian Cinema, I.B. Tauris, London and New York, 2002, पृ. 1-25

38. Bollywood finds Sex sells in Prudish India, October 21, 2004, URL, http//www.reuters.co.uk/newPachargeArticle.jhtml? type=topnews and strong 10=606613 & section = news.

39. Bollywood Turns the Steam, URL, http://www.smb.com.au/article/2003/06/03/1054406189392.html?oneclick=true

40. निम्नलिखित फ़िल्मों को हॉलीवुड की नकल कहना उचित होगा। कहीं पटकथा, कहीं दृश्य तो कहीं कथावस्तु हॉलीवुड से लेकर संकरण तैयार किये गये

बॉलीवुड फ़िल्म	हॉलीवुड फ़िल्म
नक्शा (2006)	The Rundown (2003)
द किलर (2006)	Collateral (2004)
क्रिश (2006)	Paycheck (2003)
तथास्तु (2006)	John Q (2002)
एक अजनबी (2005)	Man on Fire (2004)
सलाम नमस्ते (2005)	Nine Months (1995)
मैं ऐसा ही हूँ (2005)	I am Sam (2006)
क्यूं की (2005)	One Flow over the Cuckoo's Nest (1975)
धर्म (2004)	The Fast and the Furious (2001) तथा Ocean's Eleven (2001)
मर्डर (2004)	Unfaithful (2002)
कोई मिल गया (2003)	E.T. (1982) तथा Forest Gump (1994)
तीन दीवारें (2003)	The Shawshank Redemption (1994)
काँटे (2002)	Reservoir Dogs (1992)
राज़ (2002)	What Lies Beneath (2000)
क्योंकि मैं झूठ नहीं बोलता (2001)	Liar Liar (1997)
कारतूस (1995)	Point of No Return (1993)
अग्नि साक्षी (1996)	Sleeping with the Enemy
दरार (1996)	Sleeping with the Enemy
अकेले हम अकेले तुम (1995)	Kramer Vs. Karmer

41. Arjun Appadurai, Modernity At Large, Cultural Dimension of Globalization, Oxford University Press, New Delhi, 1997, पृ. 32

42. Roland Robertson, Social Theory and Global Culture, Sage Publication, London, 2000, पृ. 8

अध्याय तीन

1. Rajinder Kumar, Dudrah, Bollywood, Sociology Goes to the Movies, Sage Publications, New Delhi, 2006, पृ. 31
2. Nazima Parveen, Hindi Cinema and Sought Asian Communities in UK Economic Political Weekly of India, September 6, 2003
3. Dudrah, पृ. 105-113
4. Vasha Jagarnath, The Politics of Urban Segregation And Indian Cinema in Durban, in Preben Kaarsholm (ed) City Flicks, Seagull, Calcutta, 2004, पृ. 211-222
5. Vijaya Mishra, Bollywood Cinema Temples of Desire, Routledge, London, 2002
6. Madhav Prasad, This Thing Called Bollywood, Seminar No. 525, May 2003, p.17
7. वही
8. वही, पृ. 18
9. डेविड ससून का विचार है कि अमेरिका का वैश्विक राजनैतिक और सैनिक वर्चस्व इस बात का लक्षण है कि साँस्कृतिक बाज़ारों पर उसका प्रभुत्व बढ़ रहा है। अर्थात् 'दूसरे लोग आपकी फ़िल्में देख रहे हैं, किताबें पढ़ रहे हैं, संगीत सुन रहे हैं... नकल कर रहे हैं, जब कि आपके पास उनका कुछ भी नहीं है। (David Sassoon, On Cultural Markets New Left Review, 17 September-October 2002, p. 114) फ्रैंको मोरेती ने 46 देशों के सर्वेक्षण (1986-1995) के बाद पाया कि कम से कम 26 देशों के 75-90 प्रतिशत सिनेमाघरों में चल रही फ़िल्में हॉलीवुड में बनी हैं। (Franco Moretti, Planet, Hollywood, New left Review, 9 May-June, 2001)
10. Jacques Derrida, Of Grammatology, The John Hopteins University Press, Maryland, 1976, पृ. 62-63
11. Madhav Prasad, Ideology of the Hindi Film, Oxford University Press, New Delhi, 1998, पृ. 47.
12. इस पहलू के बारे में अधिक जानकारी के लिए देखें–Sangite Gopal and Sujate Moorti (eds) Global University of Minnesota Press, Minneapoles, 2008
13. Saibal Chatterjee, in Desinger Cinema Encyclopedia of Hindi Cinema (eds) Gulzar, Govind Nihlani and Saibal Chatterjee Encyclopedia Britonnica (India) Pvt. Ltd., New Delhi and Popular Parakashn Pvt. Ltd., Mumbai, 2003, p. 128
14. वही
15. Derek Bose, Brand Bollywood A New Global Entertainment Order, Sage Publications, New Delhi, 2006, p. 16
16. www.censusindia net

17. Vamsee Juluri, Becoming a Global Audience, Orient Longmans, New Delhi, 2004 p. 93
18. वही
19. वही, पृ. 96
20. इस परिदृश्य के दिलचस्प विश्लेषण के लिए देखें Ramachandra Guha, India After Gandhi The History of the World Largest Democracy, Picador, 2007. पृ. 692-719
21. This Thing Called Bollywood, पृ. 18
22. Vamse Juluri, Global weds local: The reception of Hum Apke Hain Kaun, in European Journal of Cultural Studies, 22 May 1999, P. 231
23. यह शब्द माधव प्रसाद द्वारा प्रयुक्त किया गया। वह बॉलीवुड फ़िल्मों के रोमाँस को सामंती परिवार में होने वाले रोमाँस की संज्ञा प्रदान करते हैं।
24. Jyotike Virdi, The Cinematic Imagination, Indian Popular Films as Social History, Permanent Blach, New Delhi, 2003, पृ. 196

अध्याय चार

1. महात्मा गांधी, यंग इंडिया, नवंबर 12, 1931
2. महात्मा गांधी, हरिजन, नवंबर 2, 1934
3. Judith M. Brown, Gandhi, Prisoner of Hope, Oxford University Press, New Delhi, 1992, पृ. 88
4. Anthony J. Parel (ed.) M.K. Gandhi, Hind Swaraj and Other Writings, Cambridge University Press, 1997, पृ. 151-152
5. Gyan Prakash, The Urban Turn, in the Cities of Everyday Life, Sarai, Reader 2, New Delhi, 2002, पृ. 4
6. वही, पृ. 3
7. Jawahar Lal Nehru, The Discovery of India, Oxford University Press, New Delhi, 1985, पृ. 523
8. Cited in Gyan Prakash, पृ. 4
9. वही, पृ. 5
10. Cited in Sumita S. Chakravarty, National Identity in Indian Popular Cinema, 1947-1987, Oxford University Press, New Delhi, 1996, पृ. 94
11. Ashish Rajadhyaksha and Paul Willeman, Encyclopedia of Indian Cinema, Oxford University Press, New Delhi, 1995, पृ. 309
12. S. Chakravarty, पृ. 84-85
13. Satyajit Ray, Our Films Their Films, Disha Books, Orient Laymans, New

Delhi, 1992, पृ. 102-103

14. वही, पृ. 103
15. वही
16. M. Madhav Prasad, Ideology of the Hindi Film, Oxford University Press, New Delhi, पृ. 207-208
17. Karl Marx, On Colonialism, Progress Publishers, Moscow, 1978, पृ. 35-41
18. Sumita Chakravarty, पृ. 117
19. Rashmi Sawhney, Apotheosis or Apparition : Bombay and the Village in 1990's Women's Cinema, Film Studies, Issue II, Winter 2007, पृ. 1-13
20. वही, पृ. 11
21. Ronald Inden, Imagining India, Basil Blachwell, Oxford, 1990, पृ. 133
22. वही, पृ. 134
23. वही, पृ. 135-137

अध्याय पाँच

1. विस्तार के लिए देखें Siegfried Kracauer, Theory of Film : The Redemption of Physical Reality, Oxford University Press, New York, 1965
2. Henri Lefebvre, Writings on Cities, Trans. and edited by Etconore Kotman and Elizabeth Lehon, Blackwell publishers, Oxford, 1996, पृ. 65
3. वही, पृ. 66
4. वही
5. वही, पृ. 86
6. वही, पृ. 87
7. Marshall Berman, All that Is Solid Melts Into Air : The Experience of Modernity, Verso, London
8. Mark Shiel, Introduction in Mark Shiel and Tony Fitzmaurice (eds.) Cinema And the City, Film and Urban Societies, Blackwell Publishers, Oxford, 2001, पृ. 1
9. Ibid
10. Jean Baudrillard, America, Verso, London, 1988, पृ. 56
11. David B. Clarke, The Cinematic City, Routledge, London, पृ. 4
12. Gilles Deleuze and Felix Guattari, Anti-Qudipes, Capitation and Schigophrenia, trans, Robert Huxley, Mark Seem and Helen R. Lane,

University of Minnesota, Minnepolis, 1983, पृ. 2-4

13. Jean-Francois Lyotard, Libidnal Economy, Trans. Iain, Hamilton Grant, Athlone Press, London, पृ. 111
14. लॉकाँ के उपरोक्त मत की वामपंथियों ने कड़ी आलोचना की है और लिखा कि लॉकाँ ने एक क्षण में समस्त पूँजीपतियों को अपराध बोध से मुक्त करा दिया।
15. M. Madhav Prasad, Realism and Fantasy in Representation of Metropolitan Life in Indian Cinema, in City Flicks (ed.) Preben Kaarsholm, Seagull, Calcutta, 2004, पृ. 86
16. वही
17. Walter Benjamin, Illuminations
18. Amrit Gangar, Films from the City of Dreams, Lalita Goplan की Cinema of Interruption, Oxford University Press, New Delhi, पृ. 150 से उद्धरित।
19. वही
20. Sudipto Kaviraj, Reading a song of the City, Images of the City in Literature and Films, in Preben Kaarshdm (ed.), City Flicks, New Delhi, 2004, पृ. 67-74
21. Ravi S. Vasudevan, Bombay and Its Public, in Rachel Dwyer and Christopher Pinney (ed.) Pleasure and the Nation, The History, Politics and Consumption of Public Culture in India, Oxford University Press, New Delhi, 2002, पृ. 206-207
22. Ranjani Majumdar, Figure of the Tapori, Language, Gesture and the Cinematic City, Economic and Political Weekly of India, December 29, 2001, पृ. 4872-4880
23. वही, पृ. 4872
24. वही, पृ. 4873
25. वही, पृ. 4875
26. Michelle de Certeau, The Practice of Everyday Life, Vol. 2, Trans. Timothy J. Tomasik, University of Minnesota Press, Minneapolis, 1998, पृ. 141
27. Ravi Vasudevan, Cinema in Urban Spae, Seminar, 525, May 2003, पृ. 21-27
28. Stephen P. Hughes, Pride of Place, Seminar, 525, May 2003, पृ. 28-29
29. Ranjani Mazumdar, An Archive of the City, University of Minnesota Press, Minneapolis, 2007, पृ. XVIII
30. वही, पृ. 92

अध्याय छः

1. Chidanand Das Gupta, Form and Content, in Frames of Mind, Reflections on India Cinema, (ed) Aruna Vasudev, UBSPD, New Delhi, 1995, पृ. 104
2. वही
3. वही, पृ. 105
4. G Arunima Face Value : Ravi Varma's Portriature and the project of colonial modernity, the Indian Economic and Social History Revive, 40, 1, 2003. पृ. 57-58। नारी विषयक छविचित्रों के बारे में अरुणिमा लिखते हैं कि रवि वर्मा ने यूरोप की पुनर्जागरण कालीन कला की शैलियों की नकल करने से स्वयं को बचाया। हियर कम्स पापा, महारानी चिमना बाई द्वितीय, तथा गैलेक्सी नामक छविचित्रों में से दिखाई पड़ने वाली स्त्रियाँ—लिबास आभूषण तथा भाव-भंगिमा की दृष्टि से प्रकृति/यथार्थ की नकल नहीं है। ज़ाहिर है कि रवि वर्मा भारतीय स्त्री की आदर्श छवि गढ़ने के लिए प्रयत्नशील थे। पाश्चात्य संस्कृति की अनुपस्थिति में वह ऐसा दबाव महसूस ही नहीं करते।
5. Chidanand Das Gupta, पृ. 5
6. Christopher Pinney, Photo of the Gods : The Printed Image and Politcal Struggle in India, Oxford University Press, New Delhi, 2004, पृ. 31
7. Laura Mulvey, Visual Pleasures and Narrative Cinema, in Bill Nicholls (ed) Movies and Methods, Vol. 2, University of California Press, Berkeley, 1985, पृ. 307
8. वही, पृ. 308
9. वही, पृ. 309
10. Claire Johnston, Towards a Feminist Film Practice : Some Thesis, in Bill Nicholls, Movies and Methods, पृ. 317
11. Claire Johnston, Women's Cinema as Counter Cinema in E. Ann Kaplan (ed)
12. हॉलीवुड की संहितायें इस प्रकार हैं : (1) रेखीय निरंतरता के लिए संपादन जो ज़ाहिर न हो। (2) कैमरे तथा एक्शन का क्षेत्र 180 अक्ष रेखा में स्थित होना। (3) आई लाइव मैच (म्लम सपअम डंजबी) ताकि स्पेस की निरंतरता कायम रहे। (4) कैमरे के कोण को किसी भी स्थिति में 30 अंश से अधिक न होने देना अन्यथा दर्शकों को दृष्टि भ्रम हो सकता है।
13. Mary Ann Doane, Femme Fatales : Feminism, Film Theory Psychoanalysis, Routledge, New Delhi, 1991, पृ. 31

14. Taine Gains, White Privilege and looking Relations : Race and Gender in Feminist Film Theory, in E. Ann Kaplan (ed) Feminism and Film, Oxford University Press Oxford, 2000 पृ. 339-340
15. Kaja Silverman, The Acoustic Mirror : The Female Voice in Psychoanalysis, and Cinema, Indiana University Press Bloomingtion, 1988, पृ. 309
16. Teresa de Lauritis, Technologier of Gender : Essays on Theory, Film and Fiction, Indiana University Press, Bloomington, 1987, पृ. 100-104
17. Asha Kasbekar Hidden Pleasures Negotiating the Myth of the Female Ideal in Popular Hindi Cinema in Pleasure and the Nation, (ed) Rachel Dwyer and Christopher Pinney, Oxford University Press, New Delhi, 2001, पृ. 286
18. वही, पृ. 289
19. Mary Ann Doane, The Economy of Desire : The Commodity Form in of the Cinema in John Belton (ed) Movies and Mass Culture, Athlone Press, London, 1996, पृ. 119-34
20. पृ. 293
21. वही, पृ. 293-296
22. Shoma A. Chatterji, Subject Cinema : Object : Woman, A study of the Portroyal of Women in Indian Cinema, Parumita Publications Calcutta, 1998, पृ. 29-30
23. Kasbeker, पृ. 298
24. अवध की तवायफों तथा हिन्दी सिनेमा में उनके निरूपण के लिए देखें Mukul Kesavan, Urdu Awadh and the Tawaif : The Islamicate roots of Hindi Cinema, in Zoya Hasan (ed) Forgoing Identities: Gender Communication and the State Kali for Women, New Delhi, 1994, पृ. 246
25. Ira Bhaskar and Richard Allen, Islamicate Cultures of Bombay Cinema, Tulika Books, New Delhi, 2009, पृ. 44-64
26. Shweta Sachdeva Jha, Frames of Cinematic History : The Tawaif in Umrao Jan and Pakeezah, in Narratives of Indian Cinema (ed) Manju Jain, Primus Books, New Delhi, 2009, पृ. 177

अध्याय सात

1. Someshwar Bhowmik, Cinema and Censorship, The Politics of Control in India, Orient Blackswan, New Delhi, 2009, पृ. 4
2. Carolyn M. Eliott (ed.) Civil Society and Democracy, A Reader, Oxford

University Press, New Delhi, 2003, पृ. 1

3. वही
4. Bhowmik, पृ. 10.
5. Erik Barnouw and S. Krishnaswamy, Indian Film, Oxford University Press, New Delhi, 1980, पृ. 51
6. American Films in India, Hamful Effects, Flashback, Cinema in the Times of India (ed.), Dileep Padgaonkar, Times of India, 1990, पृ. 76
7. रिपोर्ट के अनुसार 1926-27 में रिलीज हुई फ़िल्मों में 15 प्रतिशत भारतीय मूल की थीं जबकि 85 प्रतिशत विदेशी फ़िल्में थीं। विदेशी फ़िल्मों में ज़्यादातर हॉलीवुड में बनी थीं (Report of the Indian Cinematograph Committee, 1927-28, Madras Government Press, Madras, पृ. 188)
8. M. Madhav Prasad, Cinema and Censorship in Colonial India, in Manju Jain (ed.), Narratives of Indian Cinema, primus Books, New Delhi, 2009, पृ. 6
9. B.D. Garga, So many Cinema, The Motion Picture in India, Eminence Designs, Pvt. Ltd., Mumbai, 1996, पृ. 59
10. वही
11. Prasad, Cinema and Censorship, पृ. 15
12. Ashish Rajadhyaksha and Paul Wileman, Encyclopedia of Indian Cinema, Oxford University Press, New Delhi, 1995, पृ. 209
13. वही
14. Gautam Kaul, Cinema and the Indian Natural Struggle, Sterling Publishers, New Delhi, 1998, पृ. 41
15. वही, पृ. 44
16. वही, पृ.
17. वही, पृ. 52
18. M. Madhav Prasad, The State in /of Cinema in Parthe Chatterjee (ed.), Wages of Freedom, Fifty Years of the Indian Nature State, Oxford University Press, New Delhi, 1988, पृ. 126
19. वही
20. Report of the Film Enquiry Committee, Government of India Press, New Delhi, 1951, पृ. 173
21. वही, पृ. 21
22. वही, पृ. 188
23. Bhowmik, पृ. 74
24. वही, पृ. 77
25. M.Madhav Prasad, The State in / of Cinema, पृ. 132
26. वही, पृ. 77

27. वही, पृ. 135
28. विस्तार के लिए देखें Bhowmik, पृ. 109-324
29. The Cinematograph Act 1952, Law Publishers (India) Pvt. Ltd., 1997, Allahabad, पृ. 11-13
30. Bhowmik, पृ. 330
31. M.Madhav Prasad, Ideology of the Hindi Film, Oxford University Press, New Delhi, 1998, पृ. 88
32. Bhowmik, पृ. 333
33. Jurgen Habermas, The Structural Transformation of the Public Sphere : An Enquiry Into a Category of Bourgeois Society, trans. Thomas Burger an Fredrich Lawrence, MIT Press, Cambridge, 1989

अध्याय आठ

1. Ernst Gellner, Nation and Nationalism, Cornell University Press, Ithaca, 1983
2. Benedict Anderson, Imagined Communities, Verso, Londo, पृ. 37-46
3. Leela Gandhi, Postcolonial Theory, 1999, Oxford University Press, New Delhi, 1999, पृ. 104-105
4. वही
5. Tom Nairn, The Break up of Britain : Crisis and Neo Nationlism, Left Books, London, पृ. 347-348
6. Eric Hobsbowm, Nations and Nationlism Since 1780, Cambridge University Press, Cambridge, 1990, पृ. 163-192
7. Frantz Fanon, The Wretched of the Earth, trans. Constance Farrington, Penguin, Harmondsworth, 1990
8. वही, पृ. 35
9. Parth Chatterjee, Wayes of Freedom, Introduction, Oxford University Press, New Delhi, 1998, पृ. 1-20
10. Sugata Bose and Ayesh Jalal (ed.), Nationlism, Democracy and Development, Oxford University Press, New Delhi, 1998
11. Parth Chatterjee, Nationlism : A Derivative Discourse, Ted Books, London, 1996
12. Tejaswini Niranjana, Left to the Imagination, Small Axe (2) September, 1987
13. Dadasaheb Phalke, Essays on the Indian Cinema, Navyey (Bombay : November/December 1917; February/September 1918द्ध

14. Jag Mohan, The Pioneers of Indian Cinema, Yojana Vol. 39 : No. 10, August 1995, पृ. 31

15. यह सर्वेक्षण Erick Barnouw तथा S. Krishnaswamy की कृति Indian Film, Oxford University Press, 1980 पर आधारित है।

16. विभाजन के सिनेमा की बृहत् चर्चा के लिए देखें South Asian Cinema, Issue 5-6, 2004

17. Rafique Baghdadi & Rajiv Rao, Talking Films, Harper Collins Publishers, New Delhi, पृ. 57

18. Farid Kazmi, Politics of India's Conventional Cinema, Sage Publication, New Delhi, 1999, पृ. 288-211

19. Christiane Brosius and Nicolas Yazgi, 'Is There no place like Home' : Contesting Cinematograph Constructions of Indian diasporic Experiences, in Contributions to Indian Sociology, 41, 3 (2007), पृ. 358

20. वही, पृ. 359

21. Lalit Joshi, Indian Images trans. Spaces ; Popular Hindi Cinema in the Age of Globalization, in A. J. Mathew (ed.) Some Essays on Post-Modernism, Globalization and the Media, MICA, Ahmedabad, 2008, पृ. 189

अध्याय नौ

1. Vinay Lal, Empire of Knowledge, Culture and Plurality in the Global Economy, Vistar Publications, New Delhi, 2005

2. वही, पृष्ठ 122

3. वही

4. वही

5. Michael Hardt and Antonio Negri, Empire Harvard University Press, Cambridge, Mcssachussets, 2000, पृष्ठ 381-382

6. वही, पृष्ठ 382

